BIBLIOTHÈQUE DES ÉCOLES ET DES FAMILLES

G. FAUTRAS

AUTOUR

D'UN

CHAMP DE BATAILLE

Ouvrage illustré de 32 gravures

PARIS

LIBRAIRIE HACHETTE ET Cⁱᵉ

79, BOULEVARD SAINT-GERMAIN, 79

AUTOUR

D'UN

CHAMP DE BATAILLE

(COULMIERS)

COULOMMIERS

Imprimerie PAUL BRODARD.

AUTOUR

D'UN

CHAMP DE BATAILLE

(COULMIERS)

PAR

GUSTAVE FAUTRAS

INSPECTEUR DE L'ENSEIGNEMENT PRIMAIRE
OFFICIER DE L'INSTRUCTION PUBLIQUE

OUVRAGE ILLUSTRÉ DE 48 GRAVURES

PARIS

LIBRAIRIE HACHETTE ET Cⁱᵉ

79, BOULEVARD SAINT-GERMAIN, 79

1901

AVANT-PROPOS

La guerre de 1870 a donné lieu à maint récit. Elle a été racontée sous toutes ses formes et dans tous ses détails : acteurs et témoins, historiens et chroniqueurs, tous ont écrit leur livre, chacun a rédigé sa relation.

On ne saurait s'étonner ni se plaindre du flot de publications qu'a fait naître le conflit franco-allemand, car l'événement domine par son importance — et plus encore par ses conséquences — la seconde moitié du xixᵉ siècle, et jamais les hommes d'aujourd'hui ou ceux des générations futures n'auront pour l'étudier trop de documents.

Et cependant, tout n'a pas été dit sur ce drame sanglant. Les littérateurs en ont décrit l'horreur poignante, exposé les péripéties douloureuses, signalé les épisodes émouvants ; ils en ont dépeint les phases tragiques et sombres, où notre drapeau s'éclaire parfois d'une lueur de gloire, inconstante et fugitive. Les écrivains militaires en ont montré le développement technique, enregistré les étapes successives, discuté le caractère stratégique ; ils ont fait ressortir les conditions inégales de la lutte et mentionné le résultat des rencontres, pour nous presque toujours désastreux.

Mais les uns et les autres, préoccupés surtout du choc des armées, du cliquetis des sabres, du bruit de la fusillade et du grondement des canons, du triomphe ou de la défaite, des ravages meurtriers de l'action, ont à peine esquissé le rôle de la population civile en ces lugubres journées.

A part quelques traits isolés, dont l'héroïsme ne pouvait être passé sous silence, personne n'a parlé, d'une manière circonstanciée, de l'attitude du paysan français pendant la guerre. On n'a pas fait connaître, explicitement du moins, ses appréhensions et ses angoisses, sa terreur et son affolement à l'approche de l'ennemi, non plus que ses révoltes intimes, sa rage impuissante, sa résolution virile et son courage devant les exigences cruelles du vainqueur. On n'a pas révélé les vexations impitoyables auxquelles il fut en butte, les traitements inhumains qu'il eut à subir, les privations et les souffrances inouïes qu'il lui fallut endurer. On ne s'est pas demandé ce qu'il devint, où il se réfugia, comment il put subvenir aux besoins de l'existence, quand les balles et les obus pleuvaient sur son village, que sa maison était saccagée, ses bestiaux volés, sa grange et son grenier vidés, et que, ruiné et désespéré, sans même un morceau de pain, il ne lui restait qu'à se lamenter sur les décombres fumants accumulés par le bombardement et l'incendie....

Nous avons cherché à combler cette lacune pour un coin de l'Orléanais dont le nom rayonne aujourd'hui dans l'histoire, — et nous souhaitons vivement que, sur toute l'étendue du territoire envahi, chaque localité ait une semblable monographie.

Des livres comme celui-ci peuvent ne pas être inutiles à une époque où l'on ne parle plus guère de l'Année terrible, où la pensée même de la mutilation de la Patrie semble s'atténuer dans les cœurs : ils apprennent au lecteur — et c'est leur raison de paraître, — à se **sentir** et à se **vouloir**, si je puis dire, **de plus en plus Français !**

GUSTAVE FAUTRAS.

AUTOUR

D'UN

CHAMP DE BATAILLE

I

LA RENARDIÈRE

A seize kilomètres environ à l'ouest d'Orléans, et à deux lieues à peine de la rive droite de la Loire, se trouve le petit village de la Renardière, peu connu des touristes. Situé dans un coin verdoyant et gai de cette partie du département du Loiret où la fraîcheur et l'ombre le disputent encore à la sécheresse et à l'aridité, il marque en quelque sorte le point de séparation entre les paysages vallonnés des bords du fleuve et les plaines monotones de la région beauceronne.

Entouré de bouquets de bois, arrosé par les ruisseaux des Mauves dont les sources limpides bruissent joyeusement à travers l'herbe des prés, relié par des routes propres et blanches aux bourgs plus importants de Baccon, d'Huisseau, de Coulmiers, il offre des attraits qu'envient bien des localités et le séjour n'en est certes point à dédaigner.

Mais il n'a pas d'histoire, ou plutôt il n'en avait pas avant 1870, — et son nom même, jusque-là, n'évoquait guère que le souvenir des terriers profonds où se réfugiait autrefois, dans les futaies d'alentour, la gent fauve ennemie des poulaillers.

On y vivait de façon fort paisible vers l'année 1860. Les trente maisons dont se compose le village abritaient alors une population de petits cultivateurs aux mœurs simples et patriarcales. Exploitant leurs propres terres, d'une étendue assez restreinte, les hommes pour la plupart travaillaient aux champs, labourant, semant, puis moissonnant et battant eux-mêmes la récolte, souvent chétive et peu rémunératrice. Le sol calcaire et d'une fertilité médiocre produisait difficilement, quand la pluie surtout se faisait longtemps désirer, et les engrais chimiques, qu'on ne connaissait guère encore, ne l'enrichissaient pas, comme aujourd'hui, de leurs éléments nutritifs. Puis, deux fléaux étaient à redouter : la gelée d'abord qui parfois, en une seule nuit, anéantissait les blés en herbe ; la grêle ensuite qui, à la fin d'une journée torride, s'abattait sur la campagne et la ravageait lamentablement avant la maturité des céréales. Et ce n'était pas là un fait extraordinaire : chaque année ramenait la crainte d'un désastre. La nature du terrain se prêtait, en effet, à l'action funeste des dégels incomplets suivis d'un froid recrudescent ; et quand un orage montait de l'horizon, avec des grondements menaçants, presque toujours on le voyait se déchaîner avec le plus de violence dans le voisinage du hameau, accidenté de tertres à pentes douces et de vallons peu accentués.

Les femmes s'occupaient des soins de la maison et de l'entretien de l'étable. Chaque famille possédait une ou deux vaches, qu'il fallait nourrir, — et c'est à la ménagère qu'incombait la tâche d'aller couper à la faucille le *regain* des prés qui bordaient le ruisseau, ou, dans les champs, le trèfle incarnat dont les lourdes tiges empourpraient le sol, par endroits, de leurs fleurs sanguines. Courageuses et infatigables, les mères et les jeunes filles apportaient au logis, sur leur tête, l'herbe péniblement amassée, serrée en gros paquets dans de larges tabliers.

Les enfants, par tous les temps, s'en allaient dès le matin à l'école du chef-lieu communal, à deux kilomètres du

village, le panier garni des tartines, du fromage et des noix
qui constituaient le déjeuner, et chacun traînant, l'hiver, le
morceau de bois qui devait alimenter le poêle de la salle de
classe. Le soir, ils revenaient gaiement, jouant et chantant,
emmitouflés, quand la bise était âpre, de cache-nez et de
pèlerines, s'attardant à des riens, passant derrière l'église
pour dire un bonjour espiègle au père Budon, réfugié dans la
vieille tour du télégraphe aérien, et ne regagnant la maison
paternelle qu'à l'apparition de la brune.

Cette vie au grand air, cette activité dépensée sous les
ardeurs du soleil ou sous la rigueur des frimas, en faisait des
jeunes gens vigoureux et robustes. Mais un mal, — une sorte
de fièvre paludéenne, — qui sévissait au village à l'état endé-
mique, les terrassait parfois pendant de longs mois. On ne
s'en inquiétait pas outre mesure, car il était de tradition que
chacun payât sa dette à la maladie, et pour y remédier chaque
famille avait d'avance sa provision de sulfate de quinine.

Le dimanche, toute une population de travailleurs honnêtes endossait les vêtements neufs, — les femmes, la robe
simple d'orléans ou de mérinos, le châle de laine ou le caraco
noir, le petit bonnet blanc finement tuyauté, — les hommes,
la blouse bleue de toile luisante, soigneusement repassée, le
pantalon de velours à côtes, couleur marron, la casquette
plate, à visière étroite; — et tous, invariablement chaussés,
de Pâques à la Toussaint, de bottines à élastiques ou de souliers à lacets garnis de clous résistants, et de la Toussaint à
Pâques, de sabots en noyer à dessus enjolivés ou de galoches
à semelles épaisses, se rendaient au bourg de Baccon, les
uns pour assister à la messe paroissiale, les autres pour s'ap-
provisionner, chez l'épicier ou le marchand d'étoffes, de ce
qui manquait au foyer.

A l'issue de l'office, un rassemblement se formait sur la
place publique, et le bedeau, homme grave, pénétré de
l'importance de sa fonction, vendait là aux enchères le gâteau
donné à l'église par les personnes qui offraient le pain bénit.
Deux groupes opposés se disputaient parfois la pièce avec
ténacité, et le gâteau, adjugé pour deux ou trois francs au

dernier enchérisseur, était emporté triomphalement à l'*Écu de France*, vieille « hostellerie » où s'arrêtaient jadis Louis XI et François Ier dans leurs voyages de Blois à Étampes, — où s'était reposée Jeanne d'Arc elle-même pourchassant les Anglais vers Patay. Et dans la grande salle de billard, autour de longues tables en bois blanc encaustiqué, les jeunes gens se partageaient le morceau, l'arrosant de quelques verres de vin rouge que fournissaient les vignobles renommés de Beaugency, — ou ceux non moins estimés de Saint-Ay, dont Rabelais lui-même vantait les crus plus de trois siècles auparavant.

Les gens sérieux se réunissaient à l'auberge du *Coq*, qui recevait autrefois les marchands de bestiaux fréquentant la place de Paris, et pendant une heure ils y discouraient gravement. L'un d'eux, quelque peu lettré, ne manquait pas de faire connaître aux visiteurs étrangers que l'église de Baccon, qui date du xive siècle, avait été pillée, en 1461, par le poète François Villon. Coutumier d'escroquerie et peut-être même de vol à main armée, Villon avait été condamné par le Châtelet, quatre ans auparavant, à la pendaison, mais le Parlement commua sa peine alors en bannissement. Emprisonné pour ce nouveau méfait à Meung-sur-Loire, il ne dut encore une fois sa liberté qu'à Louis XI, lequel, dit-on, appréciait particulièrement le talent de versificateur et de conteur de celui qui, au dire du reste peu exact de Boileau,

> ... sut le premier, dans ces siècles grossiers,
> Débrouiller l'art confus de nos vieux romanciers.

L'après-midi, on revenait au village, et quand la pêche n'était pas interdite, les jeunes gens allaient par les prés, le long des Mauves, à la capture de quelque brochet. Armés d'une tige flexible de saule ou de coudrier, à l'extrémité de laquelle était attaché un *collet* de fil de laiton, ils exploraient les coins les plus sinueux du ruisseau, fouillant les herbes aquatiques du gros bout de leur baguette, et frappant du pied le sol tremblant de la berge pour faire déguerpir le poisson.

Quand celui-ci était délogé de sa retraite, les pêcheurs le poursuivaient sans répit, traversant le cours d'eau sur des ponts primitifs faits d'une seule planche branlante, ou sautant même avec agilité d'une rive à l'autre aux endroits les moins larges ; et si le brochet, lassé, s'arrêtait une minute en place claire et limpide, ou se réfugiait près des racines d'une talle d'aunes, ils lui passaient habilement le collet par la tête, sans toucher aux ouïes, et serrant le nœud d'un coup sec ils le sortaient de l'eau et le jetaient sur le pré.

Parfois aussi, le soir, après le coucher du soleil, une autre distraction ramenait sur les bords du ruisseau les villageois les plus intrépides. Les écrevisses pullulaient alors dans les Mauves, et la pêche en était attrayante. On préparait dans la journée l'outillage nécessaire : les *péchettes*, — petits filets ayant la forme d'un plateau de balance, cerclés de fer ou de bois et fixés à un bâton par une longue ficelle, — étaient garnies de l'appât qui tentait le plus la voracité des crustacés, — la chair d'un lapin domestique, les morceaux d'une tête de mouton, ou mieux même le corps fraîchement dépouillé de grenouilles assommées dans les joncs des fossés. Dès que tombait le crépuscule, on déposait au fond de l'eau, de distance en distance, ces minuscules filets, en choisissant les places propices, — les trous creusés jusque sous les berges par le courant plus ou moins rapide, l'abri d'un vieux saule planté sur la rive et dont les radicelles enchevêtrées s'étalaient dans le lit vaseux de la rivière, ou encore le voisinage d'une forêt de roseaux qui dressaient leur tête élancée au-dessus de la prairie et qu'agitait doucement la brise. Puis, de demi-heure en demi-heure, on s'approchait sans bruit et l'on retirait avec précaution la *péchette*, où les écrevisses attablées se faisaient prendre, ne trouvant rarement le salut qu'en se glissant à reculons dans les hautes herbes. La pêche était presque toujours abondante ; on rentrait vers minuit, les paniers pleins, mais souvent aussi les pieds mouillés et les vêtements tachés d'une tourbe noire.

La chasse aux alouettes, la nuit, à travers champs, avec un long filet porté par deux personnes, et auquel pendaient des brins de paille traînant sur le sol, pour éveiller d'un bruit léger les volatiles au repos, avait aussi de nombreux partisans ; et plus d'un pâté de mauviettes, quand la saison était favorable, devait son origine aux plaines de la région.

Ces mœurs villageoises se sont modifiées sans doute depuis quarante ans, mais non point radicalement, et le fait d'ailleurs en est dû plutôt aux circonstances de la nature qu'au changement voulu des habitudes de la localité.

Le hameau, en s'embellissant, a perdu quelque peu de son aspect pittoresque ; de nouvelles maisons ont été construites suivant les règles de l'attrait et du confort actuels, et les anciennes ont vu le chaume rustique de leur toiture remplacé par la tuile au gai reflet ou par l'ardoise de teinte sombre. La ceinture verdoyante du village a été mutilée en partie ; des bois où les ormes et les chênes confondaient leurs vigoureuses frondaisons ont été arrachés, des garennes ont disparu où les oiselets gazouillaient par milliers, des prés ont été défrichés où la bourrache commune mêlait ses fleurs d'un bleu d'azur aux pétales roses de la petite centaurée et aux couronnes blanches de la grande marguerite.

La culture des champs a peu varié ; elle est devenue, comme partout, plus intensive sous l'action efficace des amendements et des engrais, répandus avec plus d'abondance et d'une façon plus expérimentée. Les phénomènes atmosphériques si redoutés autrefois, la gelée ou la grêle, n'exercent plus que par intermittences éloignées leur influence préjudiciable ; et chaque année, la plaine se couvre en été de riches moissons, — blés dorés, brunes avoines, orges blondes, — que les cultivateurs emmagasinent dans les granges ou dont ils font en plein air des meules imposantes, de forme cylindro-conique.

Près des habitations, et faisant suite le plus souvent au jardin potager, des vignes ont été plantées. Le territoire communal en était jadis partiellement couvert, disaient les anciens : certains étymologistes même ne voyaient dans le nom du chef-lieu, *Baccon*, qu'une simple transformation du mot *Bacchus*, et cette dénomination, d'après eux, ne rappelait pas autre chose que le souvenir lointain du culte consacré dans la localité au dieu du vin [1].

Mais ces vignes nouvelles, prospères d'abord, ont eu peu de durée; l'oïdium et le phylloxera les ont, l'un et l'autre, ravagées, et les cépages d'origine étrangère dont on a tenté l'essai pour les reconstituer, ne se sont pas accommodés de la nature du sol. Il ne reste aujourd'hui de ces vignobles dont s'alimentait chaque ménage que des parcelles incultes et improductives.

Bien que la situation climatérique se soit assainie et que les *fièvres*, depuis longtemps, ne fassent plus au hameau grelotter personne, la population de la Renardière ne s'est pas sensiblement augmentée et ne dépasse guère 150 à 200 habitants. Seules les vieilles familles indigènes y restent et s'y perpétuent. Elles y continuent les traditions locales, les usages et les coutumes du temps passé. Pourtant, c'est avec moins d'empressement qu'on cherche à se rencontrer le dimanche sur la place publique du bourg, et l'on ne voit plus guère errer le long des Mauves et en suivre le cours tortueux des jeunes gens en quête de matelote, car le brochet et la tanche sont devenus rares, et la rivière est presque totalement dépeuplée d'écrevisses.

---

1. D'autres, il est vrai, préfèrent y voir, en raison de l'altitude de ce bourg, un dérivé du mot celtique *beacon*, signifiant « lieu élevé, propre à faire ou à recevoir des signaux. »

II

LE CHÂTEAU

LA Renardière a son château, situé à l'extrémité nord du village. Cette partie de l'Orléanais, — qu'il ne faut pas confondre encore avec la Beauce féconde, mais dénudée, sans intérêt pittoresque, qui fait le désespoir du voyageur sur la route d'Orléans à Chartres, où, pendant 70 kilomètres, on ne traverse pas un ruisseau, — est d'ailleurs le refuge de nombreux représentants de la vieille noblesse française. Le touriste y découvre, de-ci de-là, de grandes et belles maisons de campagne : la *Touanne*, avec sa longue allée plantée d'arbres gigantesques, ses bouquets de pins sous lesquels se déroule un tapis de mousse, ses terrasses qui s'inclinent doucement vers le lit de la rivière; *Préfort*, avec ses parterres entourés d'eau, ses fontaines jaseuses où pousse le cresson, sa fraîcheur sans cesse renaissante, ses toits bleus émergeant d'un amas de verdure; *Luz*, avec ses avenues de tilleuls rectilignes et son parc ombreux, tout parfumé de violettes, qui, comme une oasis, apparaît au milieu de la plaine et en rompt agréablement l'uniformité; — puis encore le château d'*Huisseau*, avec sa porte massive et ses tourelles en poivrière, celui de *Coulmiers*, avec les haies vives qui l'entourent; — et aussi le vieux manoir féodal de *Montpipeau*, devenu une habitation moderne, qui se dresse sur un tertre élevé, à l'orée d'une forêt de près de cinq cents hectares, et dont il reste de l'état primitif des ruines intéressantes, des fossés larges et profonds, des ponts-levis aux chaînes grinçantes, des murailles épaisses couvertes de lierre et des souterrains mystérieux.

Dans ces demeures s'écoulent des jours tranquilles et calmes, que les châtelains partagent entre les plaisirs de la chasse et les soins que réclame l'administration de leur domaine, entre les visites qu'ils se font de l'un chez l'autre, en break, en calèche ou en coupé, et les déjeuners ou les dîners que réciproquement ils s'offrent.

Le château de la Renardière, comme la plupart des maisons bourgeoises de la région, ne flatte pas l'œil par la pureté ou l'originalité de son architecture. La façade principale ne montre qu'un long corps de bâtiment terminé à chaque bout par des pavillons surélevés, et que domine au milieu une sorte de campanile abritant une grosse horloge. Des constructions massives rattachées sans symétrie au pavillon de gauche sont affectées au logement du jardinier, aux écuries, aux remises, au chenil, à une étable même, et aux greniers d'emmagasinement des pailles et des foins.

Tout agreste qu'en soit l'aspect, on trouve dans ce château les agréments et les aises d'une villégiature confortable : au rez-de-chaussée, un vestibule central orné de colonnes de genre ionique, une vaste salle à manger joyeusement éclairée, des salons lambrissés où filtre un jour discret; au premier étage, une suite de chambres sainement aérées, s'ouvrant sur un couloir latéral, et aménagées à la fois contre les chauds rayons de la saison caniculaire et la froidure un peu vive des matinées automnales.

Mais ce qui fait surtout le charme du lieu, ce qui en égaye le séjour et le rend séduisant, c'est le cadre au milieu duquel s'élève l'habitation. Protégée vers le village par des sauts de loup profonds, et du côté des champs par des murs garnis d'espaliers que continuent d'épaisses haies d'aubépine, on n'aperçoit, de loin, que les hauts peupliers qui balancent leur cime au-dessus de la grille d'entrée, et le bouquet d'ormes séculaires qui étendent leur puissante ramure jusque sur la toiture des communs. De larges pelouses gazonnées, piquées de massifs et de charmilles où chantent les rossignols et où se multiplient les nids, entourent le château et forment comme le prélude d'un parc magnifique dont les allées de sable fin, s'entre-croisant sous l'ombre des chênes et des sapins, vont se confondre, au delà, avec les sentiers verts du bois de la Vallée. Au fond du parc, près d'une maisonnette appelée la *Nobière*, deux sources murmurantes cachées sous des bosquets de coudriers et de saules argentés, et autour desquelles les chasseurs se donnent rendez-vous, font jaillir sans intermittence leurs gouttelettes pures et cristallines. Un long canal s'en alimente qui, étroit d'abord, s'évase progressivement et se déploie, devant l'aile droite du château, en un vaste étang, bordé, ici et là, de frênes pleureurs et de vieux marronniers, et dont le flot léger, quand le vent le pousse mollement, vient mourir devant les marches du perron d'où l'on accède au grand salon. Lorsque les eaux sont abondantes, le trop-plein s'en déverse hors de la propriété, par une vanne entr'ouverte, dans la petite et la grande Mauve qui coulent en serpentant vers la Loire, actionnant sur leur passage les moteurs hydrauliques de nombreux moulins.

Le château de la Renardière était habité à l'époque dont nous parlons par le vicomte de Billy, ancien officier d'artillerie. Veuf, de goûts simples et d'habitudes casanières, il y vivait seul, avec quelques domestiques, s'occupant de la gérance de ses biens et de recherches étymologiques sur les noms de lieux. Son fils Raoul, officier de lanciers d'abord, puis capitaine de dragons, ne faisait au pays que de rares apparitions; sombre et taciturne, sa misanthropie d'ailleurs l'éloignait de toutes relations mondaines : la cigarette aux lèvres, un livre à la main qu'il n'ouvrait même pas, l'œil perdu vaguement vers le sommet des grands chênes, c'était en promenades solitaires, sous les allées les plus désertes du parc, que s'écoulait la durée de ses permissions, et en hâte furtive qu'à leur expiration il rejoignait son régiment.

L'animation et la vie ne se manifestaient réellement au

BORDS DU LOIRET.

château qu'au moment des vacances, quand le gendre de
M. de Billy, le baron Fressinet de Bellanger, dont la femme
était morte prématurément, abandonnait sa coquette villa des
bords du Loiret, — *Bel-Air* — près d'Olivet, et se rendait à
la Renardière accompagné de ses deux enfants : une fillette
charmante d'une douzaine d'années, Louise, qui détaillait
gentiment au piano une fantaisie brillante sur la romance en
vogue « *Où vas-tu, petit oiseau?* » — et un garçon de onze ans,
Philibert, qui déjà, avec la carabine Flobert, s'exerçait au
tir en massacrant dans les bosquets les merles et les geais,
ou, dans l'étang même, les vieilles carpes qui se montraient
à la surface de l'eau.

Aussi bien, le père, excellent homme, sous les apparences
d'une brusquerie et d'une rondeur toutes militaires, était-il
un chasseur infatigable et d'une adresse extraordinaire.
Quand septembre, chaque année, faisait accourir au château
les Nemrods amis, impatients de poursuivre le lièvre et le
perdreau dans les plaines avoisinantes, il était le chef reconnu
de cette société bruyante, heureuse à la fois de se dépenser
au grand air, en plein soleil, et de goûter ensuite la fraîcheur
bienfaisante des dômes ombreux ; — et toujours au tableau, le
soir, de par le nombre des pièces qu'il avait abattues, les tireurs
s'inclinaient devant son habileté et lui décernaient les honneurs.

Mais l'habitation ne résonnait qu'un temps de ces éclats
joyeux. Dès que, dans la plaine nue, le perdreau défiait toute
surprise, que la caille commençait à émigrer, que les cane-
petières, sans cesse en éveil, s'envolaient par bandes à des
distances indues, chaque famille regagnait sa ville préférée,
celle où l'attendaient les fêtes et les plaisirs des longues
soirées d'hiver.

M. de Billy se retirait à Orléans, dans un hôtel particulier
de la rue de la Vieille-Poterie, et pendant cinq ou six mois,
le château de la Renardière, sous la garde du jardinier, restait
plongé dans la solitude, avec ses portes closes et ses volets
fermés, enveloppé d'un silence que troublaient seuls, par les
froids rigoureux, les ébats des jeunes garçons du village,
glissant et se poursuivant sur la glace de l'étang.

Chaque semaine cependant, le samedi soir, une voiture bâchée attelée d'une jument bai en franchissait la grille. C'était le cocher de la maison qui, d'Orléans, venait chercher la provision hebdomadaire de légumes et de fruits, de volailles, de gibier ou de poisson dont la cuisinière avait besoin pour le service de la table; son chargement fait, il repartait le lendemain, couvert d'une peau de bique, au petit trot de sa bonne bête.

Cinq ou six grandes fermes, — la Cour-Saint-Christophe, Villard, Clos, Vilsery, les Banchets, le

moulin de la Petite-Motte, — dépendaient du château de la Renardière. Mais au décès de M. de Billy, survenu quelques années plus tard, en 1864, le partage s'en fit entre les héritiers, et le domaine se désagrégea par des morcellements et des ventes partielles. La famille fut éprouvée d'ailleurs par des deuils et des malheurs successifs et ne revint pas au pays.

L'officier de dragons succombait de phtisie dans la force de l'âge et léguait sa fortune et son titre à une honnête ouvrière qu'il avait épousée à son lit de mort.

M. Fressinet de Bellanger, énergique et brave, qui commandait le 4° bataillon des mobiles du Loiret au moment du siège de Paris, et qui entraînait ses hommes de son ardeur belliqueuse à la bataille de Champigny, n'eut pas la consolation, comme il le souhaitait, de se faire tuer devant l'ennemi, pour se soustraire aux souffrances d'une maladie incurable; mais il survécut peu aux catastrophes de l'Année terrible.

Sa fille, mariée à un gentilhomme normand, fut emportée en pleine jeunesse, après quelques années de séjour dans le Calvados.

Quant à son fils, héritier des mâles vertus du père, il était, à peine sorti de Saint-Cyr, blessé grièvement à Gravelotte et décoré pour sa bravoure sur le champ de bataille. Capitaine à vingt-cinq ans, il semblait qu'une carrière brillante lui fût ouverte; mais la fatalité ne le voulut pas : ses facultés mentales sombrèrent dans la fièvre d'une vie trop active, et le malheureux finit ses jours dans une maison de santé.

Le château de la Renardière passa en d'autres mains, mais il est plein encore du souvenir de ses anciens hôtes, et il n'était pas inutile de rappeler succinctement leur mémoire. Lorsqu'il fut bombardé, en 1870, il appartenait à une famille bourgeoise dont le chef, engagé dans les zouaves pontificaux, fit lui-même vaillamment son devoir de Français à Loigny, sous les ordres du colonel de Charette. Ruiné par la guerre, il fut obligé peu après de quitter la Renardière pour occuper un emploi d'inspecteur divisionnaire du travail dans l'industrie, et le château, une fois de plus, changea de propriétaire. Bien que restauré et approprié, il porte encore aujourd'hui les traces dévastatrices de l'assaut qu'il a subi, car dans les murs de sa façade principale ont été scellés de nombreux obus marquant la place de ceux qui l'ont troué, et dans le tronc des vieux arbres d'alentour restent incrustés profondément, sans que l'écorce rugueuse, en repoussant, les en ait détachés, les éclats rouillés des projectiles qui ont ravagé le parc.

III

RÉCITS RÉTROSPECTIFS

Avant de raconter les faits dont le village de la Renardière, ainsi que la région environnante, fut le théâtre pendant les jours néfastes de l'invasion, qu'on nous permette d'esquisser la physionomie de la localité de 1860 à 1870. — Nous ne le saurions mieux faire qu'en parlant d'une famille où se concentrait, en quelque sorte, la vie même du hameau, et qui habitait une petite métairie dépendant du château.

Le père, Louis Dandreuil, était un ancien soldat d'Afrique. Libéré du service militaire à la fin de 1849, après l'expédition de Zaatcha, il s'était uni, dès son retour au village, avec une couturière active et laborieuse à laquelle l'attachait une amitié d'enfance fidèle et vivace.

Les six ans qu'il avait passés sur le sol algérien s'étaient écoulés péniblement, car la lutte contre Abd-el-Kader battait encore son plein lorsqu'il débarqua à Mers-el-Kebir. Mais la pensée que Jeanne Lecomte serait un jour sa femme l'avait soutenu d'un espoir vivifiant, et dans ses rares congés, il se hâtait d'accourir, insouciant de la fatigue du voyage, pour affirmer à sa fiancée la persévérance de son affection.

Le ménage était heureux et se contentait de la vie modeste que lui procurait un labeur incessant, le mari cumulant ses occupations agricoles avec le dur métier de couvreur, l'épouse tirant parti des produits de l'étable et de ceux de la basse-cour, vendant au boucher de temps à autre un veau engraissé à point, et au coquetier, le jour de son passage, le beurre et les œufs de la semaine. Les économies n'étaient pas grosses, et bien souvent même on n'arrivait que difficilement à mettre les deux bouts ensemble. Mais les désirs et les goûts étant très modérés, on acceptait le sort d'humeur satisfaite, sans récrimination, et le foyer, égayé par la turbulence joyeuse de deux enfants, Jacques et Madeleine, respirait manifestement la paix et la sérénité.

Le teint bronzé par le soleil d'Afrique, les cheveux noirs coupés en brosse, la moustache épaisse cosmétiquée aux pointes, la barbiche taillée à l'impériale, Louis Dandreuil frisait alors la quarantaine. De taille moyenne, le corps droit, la démarche souple et alerte, l'œil vif et l'expression énergique, il était resté, sous ses vêtements civils, le type accompli du soldat élevé à la dure école de la guerre de montagnes et d'embuscades, et il avait été nommé sous-lieutenant de la compagnie des sapeurs-pompiers de sa commune.

Comme tous ceux qui ont pris part à la conquête de notre grande colonie, il se plaisait à parler de l'Algérie et de son séjour sur la terre africaine. Il contait bien d'ailleurs, et sa mémoire était pleine de détails précis sur les régions qu'il avait traversées, les faits d'armes auxquels il avait été mêlé, les chefs vaillants qui l'avaient commandé, les mœurs et le genre de vie des tribus arabes avec lesquelles il avait été en contact.

Lorsqu'il posa le pied sur la côte d'Oran, au printemps de 1843, Bugeaud remplaçait depuis deux ans le maréchal Valée, comme gouverneur général, et poursuivait méthodiquement son plan de campagne pour la conquête définitive et la colonisation militaire du pays. Les conditions de la guerre se trouvaient modifiées; pour suivre les Arabes, les atteindre et les surprendre, on faisait porter à dos de mulets l'artillerie de montagne, les munitions et les vivres. Grâce à ce système, qui permettait aux troupes de se mouvoir avec rapidité, toutes les garnisons avaient pu être secourues et ravitaillées, et Abd-el-Kader, entouré de douze à quinze mille partisans, ne guerroyait plus, quoique très fort encore, que comme chef de bande.

Le 16 mai, à Aïn-Taguin, sur les bords du Chélif, sa *smala*, surprise par cinq ou six cents cavaliers que commandait le duc d'Aumale, avait été capturée. Déconcerté par la vigueur de l'attaque, Abd-el-Kader s'était enfui, avec sa femme et sa mère; mais il avait perdu trois cents hommes, — alors que les Français n'en regrettèrent qu'une dizaine, — et il laissait aux mains des vainqueurs un butin immense, ses tentes, ses drapeaux, son trésor, ses papiers, et plus de trois mille prisonniers.

Cette action d'éclat avait eu, dans toutes les garnisons, un retentissement considérable, et Louis Dandreuil racontait avec quel enthousiasme la nouvelle en avait été accueillie à son régiment. La lutte semblait terminée. Mais Abd-el-Kader, réfugié dans le Maroc, était parvenu, par de perfides insinuations, à entraîner contre la France le shérif Abd-er-Rahman; et l'année suivante, le 14 août 1844, Dandreuil se battait bravement sur les bords de l'Isly, célébrant avec ses camarades la défaite de l'armée marocaine et de son chef Mouley-Mohammed, le fils de l'empereur, par le chant répété du refrain qu'avait inspiré la coiffure légendaire de leur héroïque commandant :

As-tu vu
La casquette, la casquette,
As-tu vu
La casquette au pèr' Bugeaud?

Car ce n'était pas seulement « par l'épée et par la charrue, » — *ense et aratro*, selon la devise du maréchal, — que se faisait la conquête algérienne : c'était aussi par les gais couplets et par les chansons de marche qui trompaient la longueur de l'étape, dissipaient toute fatigue et poussaient les soldats à la victoire.

Dans les premiers mois de 1845, le soulèvement des tribus berbères du Dahra, excitées par l'aventurier Bou-Maza, avait ramené nos troupes de la frontière du Maroc dans la région montagneuse qui s'étend entre la rive droite du Chélif et la mer, Dandreuil avait vu le colonel Leroy de Saint-Arnaud battre le faux prophète à Aïn-Meran; il avait été témoin de la répression énergique, — et que les nécessités d'une lutte à outrance rendirent même parfois cruelle, — avec laquelle le colonel Pélissier comprima la révolte des Ouled-Riad, cernés et enfumés, à l'aide de paille et de fagots embrasés, dans les grottes où ils s'étaient blottis et entassés, eux, leurs familles et leurs troupeaux.

Après la réduction du Dahra, lorsque Bou-Maza, reconnaissant enfin l'inutilité de ses efforts, se fût rendu à Saint-Arnaud, et qu'Abd-el-Kader lui-même, surveillé par Lamoricière et arrêté par les spahis au col de Kerbous, eût remis son épée au colonel Montauban, puis au duc d'Aumale, le 23 décembre 1847, Dandreuil, devenu sergent, avait obtenu l'autorisation, en renonçant à son grade, de changer de régiment et de passer dans la province de Constantine, qui lui était encore inconnue.

Placé dans le corps expéditionnaire du général Herbillon, il parcourut la Kabylie; et après l'insuccès d'une première attaque contre le bourg fortifié de Zaatcha, dans les Ziban, où le commandant supérieur de Batna, Saint-Germain, — en dépit de la bravoure des officiers et des soldats d'une partie du 2ᵉ régiment de la légion étrangère, qu'il avait sous ses ordres, — s'était vu dans l'obligation de se retirer, Dandreuil se trouva deux mois plus tard au siège en règle de cette place, que défendait un ancien lieutenant d'Abd-el-Kader, Bou-Zian, le cheik du village, insurgé avec les populations voisines contre l'autorité française. Pendant cinquante-deux jours, il avait été exposé, comme le général Herbillon lui-même, qui donnait l'exemple à ses troupes, au feu meurtrier de huits cents Arabes résistant désespérément, abrités par des murs crénelés derrière un profond et large fossé rempli d'eau, qui protégeait de tous côtés le village. La place avait été enfin enlevée d'assaut, le 26 novembre 1849, par les trois colonnes que commandaient les colonels de Lourmel, de Barral et Canrobert, celui-ci entraînant les hommes au cri fameux de « A moi, l'infanterie ! » ; mais tous ses défenseurs, y compris Bou-Zian, s'étaient fait tuer à leur poste, et le bourg, détruit, n'a jamais été rebâti.

Dandreuil avait traversé les districts orientaux qu'arrose la Seybouse, du golfe de Bône au relief de l'Aurès, — ce massif montagneux de la chaîne du Grand-Atlas, qui jadis donnait asile aux Maures sans cesse révoltés contre les Vandales et les Grecs, — alors que depuis quatre ans cette région était le théâtre des exploits de Jules Gérard, le tueur de lions. A Guelma, pendant l'été de 1848, il s'était rencontré avec l'intrépide spahi qui revenait de France, à l'expiration d'un congé, et avec toute la population il lui avait fait une conduite d'honneur, quand le chasseur de grands fauves, appelé par son service à Constantine, dut quitter la ville.

Dandreuil avait vu les Arabes professer pour Jules Gérard une vénération enthousiaste, et vanter avec admiration le sang-froid et l'adresse de ce *Roumi* qui, sans souci du danger, s'était attaqué seul, face à face, à leur plus redoutable ennemi, — à ce roi de la montagne qui les fascinait tous d'une crainte superstitieuse et prélevait chaque nuit sur leurs troupeaux, sans qu'ils cherchassent même à s'y opposer, une dîme désastreuse. Le récit des chasses qui les avaient débarrassés, en quelques années, d'une douzaine de ces terribles adversaires, alimentait sans discontinuer toutes les conversations dans les douars environnants ; comme une date historique, on y rappelait que le premier lion avait été tué le 8 juillet 1844 dans le pays d'El-Archioua, et le deuxième un mois après dans la Mahouna ; — et Dandreuil, en narrant au village les péripéties de ces aventureuses excursions, faisait frissonner ceux qui l'écoutaient.

Il les captivait d'un intérêt non moins grand par la description pittoresque des villes où il avait séjourné, et dans chacune des trois provinces, nombreux avaient été ses lieux de garnison.

Il avait vu Tlemcen, la « *Pomaria* » des Romains, autrefois si florissante ; il avait battu dans tous les coins ses rues étroites et mal percées, encombrées d'âniers et de leurs bourricots, visité ses fabriques de haïks et de burnous, admiré la luxuriante végétation des jardins et des vergers qui l'entourent, et cherché l'ombre bienfaisante des grands chênes dans les belles forêts voisines. Il était monté au sanctuaire sacré de Sidi-bou-Médine qui, depuis plus de six cents ans, attire vers lui, dans un élan mystique, les croyants de tous les points de l'Islam. Aux portes de la ville, les ruines anciennes de Mansourah, éparses sur une étendue de cent hectares au moins, lui avaient rappelé, avec leurs débris colossaux de murs et de tours, presque symétriquement rangés, les alignements mégalithiques de Carnac.

En se rapprochant d'Oran, il avait traversé la plaine féconde de Sidi-bel-Abbès, arrosée par la Mekerra, puis curieusement examiné à Mascara la maison d'Abd-el-Kader, — qui n'habita jamais le palais des beys, — et les mosquées sans décors avec leurs minarets blancs, du haut desquels le muezzin appelait le peuple à la prière.

Sur la côte, il s'était trouvé à Djemmaa-Ghazaouat, le petit port maritime qui s'appelle aujourd'hui Nemours, au moment où le colonel de Montagnac, obéissant aux ordres de Lamoricière, — mais en dépit des préventions du maréchal Bugeaud, qui inclinait pour l'évacuation du poste, — s'occupait à fortifier ce point, lieu de *réunion de voleurs, d'assemblée de pirates*, comme son nom arabe l'indique. Il avait vu là, au printemps de 1845, le peintre Horace Vernet, en quête de documents pour son tableau de la *Bataille de l'Isly*. Et c'était peu de temps après son départ que le malheureux officier de Montagnac, attiré par trahison près du marabout de Sidi-Brahim, y fut surpris par Abd-el-Kader à la tête de 3 000 Arabes, le 22 septembre de la même année, et s'y fit massacrer avec 450 chasseurs plutôt que de se rendre.

Oran et son mauvais mouillage ne lui avaient laissé qu'un souvenir peu agréable, bien que la montagne de Santa-Cruz et, dans les environs, le pic d'Aïdour, ne fussent pas sans attrait. Mais de Mostaganem, où il avait fait un assez long séjour, Dandreuil décrivait l'aspect avec une précision particulière : il revoyait la ville, bâtie en amphithéâtre et adossée à trois coteaux, le ruisseau d'Aïn-Sefra qui la divise en deux parties, la citadelle de Matmore qui la défend, et les bonnets brodés qu'y portent les musulmans. Il n'oubliait pas non plus de rappeler que souvent il était allé, à quatre kilomètres de là, en corvée à Mazagran, célèbre par la valeur avec laquelle 123 soldats de la 10ᵉ compagnie du 1ᵉʳ bataillon d'Afrique, commandés par le capitaine Lelièvre et le lieutenant Magnien, s'y défendirent contre 12 000 Arabes, du 2 au 6 février 1840, en leur tuant cinq fois plus d'hommes qu'ils n'étaient eux-mêmes de combattants. Et son cœur battait encore d'émotion patriotique, en évoquant la vue de ce fortin en ruines sur lequel le chef d'escadron du Barail, qui commandait alors à Mostaganem, avait trouvé, le matin du cinquième jour, après la fuite de l'ennemi, le drapeau tricolore, déchiré, la hampe brisée, mais debout et triomphant[1] !

Dans la province d'Alger, Miliana, qui protège la vallée du Chélif, assise à mi-côte sur un contrefort du Zakkar, lui avait plu par son site pittoresque, ses curiosités naturelles, ses jardins renommés ; — Médéa, qui n'était point encore la jolie ville actuelle, avec ses maisons de construction moderne et de genre français, ne l'avait guère frappé que par les forêts de pins avoisinantes, profilant leur tache sombre sous le ciel bleu ; — mais Blida, au pied du Petit-Atlas, à l'entrée de la plaine de la Métidjah, lui remémorait un climat doux et salubre, particulièrement favorable à la culture des orangers et des citronniers.

Entre ces deux villes, Dandreuil avait franchi le col dangereux de Mouzaïa, forcé par les Français en 1840, — où Canrobert s'était distingué, où Saint-Arnaud avait été gravement blessé, où Lamoricière avait gagné le grade de général de brigade.

Ses campagnes de 1848 et 1849 lui avaient aussi permis de connaître Sétif, couronnant un haut plateau, et les vastes

1. Le drapeau de Mazagran a été donné au 1ᵉʳ bataillon d'infanterie légère d'Afrique, en garnison au Kreïder, poste avancé dans le Sud-Oranais, sur le Chott-el-Chergui, occupé par les Français en 1881.

forêts de cèdres qui l'environnent; — Guelma, près la rive droite de la Seybouse, avec ses ruines romaines et puniques; — Batna, avec sa jolie promenade et ses pépinières; et à dix kilomètres au sud, les restes de Lambessa, l'ancienne ville numide; — plus loin encore, les gorges célèbres d'El-Kantara, près de l'ancien pont romain d'une seule arche d'où le village tire son nom; — puis en dernier lieu, à l'entrée du grand désert, Biskra, où il avait supporté une chaleur de plus de 40 degrés centigrades, et où il avait été ébloui à la fois par la quantité prodigieuse de palmiers, d'oliviers, de grenadiers, de figuiers et d'abricotiers que fait éclore cette haute température, et par la perspective sans fin qu'offre au delà la route de Tougourt, bordée de tamaris et d'eucalyptus.

Au retour, il avait traversé Constantine, perchée sur un roc escarpé, à 650 mètres d'altitude, et qu'un ravin profond rend presque inaccessible; il avait remarqué ses rues tortueuses, ses maisons basses adossées aux murailles d'enceinte, les citernes qui alimentent d'eau ses habitants, et passé le Rummel sur un pont de 56 mètres d'élévation, bâti par les Romains et écroulé depuis son retour, en 1856.

A Alger enfin, où il s'était rembarqué, il avait vu la Kasbah, au sommet de la colline sur le penchant de laquelle la ville s'étend en amphithéâtre, — cette citadelle où les Français trouvèrent en 1830 le trésor du dey Hussein, qui s'élevait à près de 48 millions.

Et il avait dit adieu à ce pays plein d'enchantements, de surprises et de rêves, à ces régions du Tell et des Hauts-Plateaux, si différentes d'aspect et de configuration géographique, avec les plaines et les vallées fertiles de la première, les montagnes, les pics, les torrents et les ravins de la seconde, à ces villages indigènes élevés sur le flanc des collines et dont les maisons, avec leurs toits en terrasses, leurs murs blanchis à la chaux et leurs façades sans fenêtres extérieures, émergent souvent au milieu de bouquets de verdure et de jardins magnifiques, — à toutes ces villes qu'il laissait derrière lui et de chacune desquelles il emportait une impression diverse.

Parmi les généraux qu'il avait connus, Dandreuil parlait

BATAILLE DE L'ISLY

surtout du *père Bugeaud*, brave soldat, courant au feu l'épée
à la main, mais que, dans l'Algérie tout entière, on critiquait
amèrement et justement d'avoir conclu avec Abd-el-Kader,
en 1837, le traité de la Tafna, qui constituait la puissance de
l'émir.. L'histoire de la *casquette*, vraie ou fausse, avait fait
pendant longtemps la joie de tous les troupiers d'Afrique, et
personne ne l'ignorait à la Renardière. On savait, par Dandreuil, que les Arabes ayant essayé de surprendre, la nuit,
une colonne française que commandait Bugeaud, celui-ci,
réveillé en sursaut, était sorti précipitamment de sa tente, à
demi vêtu, un dolman sur les épaules, mais qu'après la mêlée
et la fuite de l'ennemi, on s'était aperçu que le vaillant officier,
dans sa hâte, avait gardé sur la tête sa coiffure de nuit, —
un bonnet de coton qui lui descendait jusqu'aux oreilles.
Les soldats avaient salué leur commandant, ainsi accoutré,
d'un immense éclat de rire; et le lendemain, un zouave
quelque peu poète improvisait la chanson dont le refrain
devait être adapté à une sonnerie de régiment invitant au
rassemblement. — L'anecdote est plaisante; mais si elle était
exacte, le maréchal Bugeaud aurait rendu sa casquette célèbre
pour l'avoir, en un moment d'alerte, oubliée sous la tente.

Dandreuil citait encore Leroy de Saint-Arnaud, officier
aussi brave que distingué, qui avait pris une part active à
l'assaut de Constantine, à l'attaque du col de Mouzaïa, à la
réduction du Dahra, et qui, plus tard, en Crimée, le 20 septembre 1854, avait remporté sur les Russes, commandés par
le prince Menchikov, l'éclatante victoire de l'Alma. Mais il
ne lui pardonnait pas de s'être fait, comme ministre de la
guerre, le 2 décembre 1851, l'exécuteur des mesures qui
devaient assurer le succès du coup d'État.

Il admirait surtout Lamoricière qui, envoyé tout jeune en
Algérie, s'y était distingué aussitôt par son intelligence et sa
bravoure, et qui, entré dans le corps des zouaves, dès sa
création, avait été nommé colonel à trente et un ans au siège
de Constantine, à la suite d'une blessure grave, général de
brigade à trente-quatre ans, pour sa belle conduite à Mouzaïa,
et qui, encore, après avoir largement contribué, comme divi-

sionnaire, au succès de la bataille de l'Isly, avait réduit Abd-el-Kader à se rendre au duc d'Aumale.

Dandreuil nommait aussi Pélissier qui, de 1839 à 1854, avait gagné tous ses grades en Algérie, et s'y était fait remarquer surtout par la soumission de la Kabylie et par la prise de Laghouat, le 4 décembre 1852, après un assaut meurtrier; — puis encore Yousouf, cet enfant de la Toscane qui, enlevé de Livourne par des corsaires et vendu à Tunis, avait débuté au service de la France en 1830, dans le 1ᵉʳ escadron de chasseurs algériens créé par Clauzel, et qui, naturalisé en 1839, était devenu général de division en 1856, après de brillants faits d'armes; — et enfin Canrobert, dont le sang-froid et l'active énergie s'étaient manifestés dans toutes les expéditions aventureuses qui lui avaient été confiées, notamment à Mouzaïa, dans le Bas-Dahra, et qui, après avoir, le 15 novembre 1849, enlevé Bou-Saada, dont la garnison était bloquée, avait rallié le gros de l'armée devant Zaatcha et était monté l'un des premiers à l'assaut de cette place.

L'ancien soldat d'Afrique n'avait pas non plus coudoyé pendant six ans les Arabes sans noter les traits saillants de leur caractère, sans se familiariser avec leurs coutumes et leur existence nomade. Il les dépeignait vigoureux et souples, toujours prêts à supporter sans murmure les privations et les peines; il ne les trouvait pas dépourvus d'élégance avec leur figure basanée, leur regard animé, leur nez aquilin, leurs dents brillantes, le *burnous* à capuchon, noir ou blanc, négligemment porté, le *haïk* de laine blanche drapé autour du corps et serré à la tête par une corde en poil de chameau. Dans leurs *fantasias*, ou au retour précipité d'une *razzia* faite sur territoire ennemi, il avait admiré leur dextérité et constaté combien était méritée leur réputation d'excellents cavaliers; mais par les routes poudreuses, sous un soleil brûlant, bravant le *simoun* ou le *siroco*, il avait aussi reconnu en eux des marcheurs infatigables, doués d'une force de résistance extraordinaire.

Quand parfois la colonne à laquelle il appartenait s'était croisée avec une caravane en marche, il avait assisté au curieux spectacle de ce pêle-mêle de gens et de bêtes, perdus au milieu d'un nuage de poussière, les femmes portant les enfants sur le dos, les chameaux se déployant en file, chargés des objets les plus disparates, ou de quelques grandes dames installées sur le palanquin, les bœufs, les vaches, les moutons et les chèvres mourant de soif et confondant leurs cris dans un appel languissant, — les hommes, armés du fusil et du yatagan, courant en avant, restant en arrière, ou faisant la haie sur les flancs, en éclaireurs, en protecteurs et en gardiens de la troupe.

Dandreuil avait aussi pénétré sous les tentes et dans les *gourbis*. Mais ce n'était point sans danger que les soldats français, s'éloignant quelquefois des endroits fréquentés et des chemins les plus suivis, abordaient un campement arabe, — car toujours, à l'entrée du *douar*, les accueillaient, avec des hurlements épouvantables, des chiens efflanqués, au poil hérissé, aux crocs menaçants, qui gardaient le village contre les bêtes fauves, hyènes et chacals, et contre l'indiscrétion des étrangers

IV

UNE MAISON HOSPITALIÈRE

CES récits de Dandreuil intéressaient d'autant plus vivement qu'à cette époque, en 1860, ils avaient encore
un caractère récent d'actualité, et que la guerre d'Italie, d'ailleurs terminée depuis peu par la paix de Zurich, en ravivait
le souvenir. Les batailles de Magenta et de Solferino ne faisaient point oublier que la conquête de la Kabylie, commencée
par Saint-Arnaud en 1851, n'était achevée que depuis trois
ans à peine, grâce aux efforts du maréchal Randon, gouverneur général, habilement secondé par les généraux Renault,
Yousouf et Mac-Mahon.

Le séjour d'Abd-el-Kader sur les bords de la Loire ajoutait
encore à cet intérêt. On savait qu'après avoir été interné
d'abord au fort Lamalque, à Toulon, puis au château de Pau,
l'émir avait été transféré, en 1849, au château d'Amboise, où
Napoléon III était venu le visiter et lui avait rendu la liberté,
en 1853, en lui faisant jurer de ne jamais retourner en
Algérie. Il était loin maintenant, à Brousse ou à Damas, en
Anatolie ou en Syrie, mais on parlait toujours dans maint
village de la résistance opiniâtre que cet adversaire puissant
nous avait opposée, et les vieux soldats d'Afrique, en racon-
tant leurs campagnes, perpétuaient au sein des familles la
mémoire de sa grande bravoure et de son esprit organisateur.

La maison de Dandreuil, où l'on s'entretenait ainsi de faits militaires et patriotiques, était fréquentée, on le conçoit, par tous ceux qui avaient appartenu à l'armée et par les jeunes aussi qui, servant encore sous les drapeaux, venaient en permission à la Renardière.

L'oncle Dominique, qui lui-même avait traversé la Méditerranée et s'était trouvé au second siège de Constantine, en 1837, y apportait ses propres souvenirs. Il avait vu tomber, à l'attaque du 12 octobre, les généraux Damrémont et Perrégaux, mortellement frappés; et le lendemain, quand la ville, isolée sur son rocher et défendue à outrance par le bey Ahmed, fut emportée d'assaut par le général Valée, le succès, disait-il, avait été chèrement payé, au prix de pertes sanglantes, par la mise hors de combat notamment des colonels Lamoricière et Combes, blessés grièvement, le dernier à mort. A vingt-trois ans de date, le vieux militaire ne pouvait maîtriser son émotion ni s'empêcher de verser un pleur en parlant de cette expédition meurtrière.

Le beau-frère de Dandreuil, Pajon, était allé, lui, en Crimée, et se montrait fier de s'être battu pour son pays. Il avait pris part à la journée mémorable du 8 septembre 1855, où Pélissier s'était emparé de la tour Malakoff, et par suite de la ville de Sébastopol, malgré les efforts désespérés du général russe Todleben qui, pendant 327 jours, tint nos troupes en échec en élevant, sous leur feu même, toute une série de fortifications. Pajon, du reste, était un patriote et un brave; à deux reprises, il avait été cité à l'ordre du jour de son régiment pour actions d'éclat, — une fois notamment où l'un des premiers il s'était présenté devant son colonel, qui faisait appel à l'intrépidité de 60 hommes de bonne volonté pour détruire une batterie russe dont le tir décimait nos sapeurs du génie. De ces 60 soldats, modestes héros dont l'histoire ignore les noms, il n'en revint que sept, — mais la batterie était enclouée et tous les servants tués ou blessés. — Lorsque, parfois, Pajon passait à la Renardière, Dandreuil ne manquait pas de déboucher une bouteille de vieux vin de Saint-Ay, et tous deux buvaient au souvenir vivace de leurs campagnes respectives d'Afrique et de Crimée.

AMBOISE

Le cantonnier Charrier, ancien tambour de grenadiers au 65ᵉ régiment d'infanterie, vantait, de son côté, les services que rendait la « peau d'âne » dans l'organisation militaire, en temps de guerre surtout. Que de fois les soldats de sa compagnie, exténués et harassés, n'avaient-ils pas été entraînés par sa virtuosité professionnelle et l'irrésistible appel de son instrument! Mais il ne fallait pas, en face de l'ennemi, lui commander de battre la retraite ou la chamade : rien qu'à cette pensée, ses doigts se paralysaient et devenaient inertes. — Charrier, praticien expert, tirait d'ailleurs de ses baguettes un parti extraordinaire ; les *fla* et les *ra* n'avaient pour lui aucun secret, il se jouait comme d'un enfantillage des difficultés les plus ardues, et tout aussi bien que le père Guérin, le racleur du pays voisin, qu'on appelait de Charsonville à toutes les noces d'alentour, il faisait polker et valser même au son de sa caisse, dans un rythme parfaitement cadencé. A son retour au village, on l'avait, non sans fierté pour la commune, nommé tambour de la compagnie des sapeurs-pompiers, et comme Dandreuil en était le lieutenant, il se faisait un devoir, le 1ᵉʳ janvier de chaque année, de venir dès l'aube exécuter sa diane des grands jours sous les fenêtres de son officier et le saluer par un roulement final d'une incomparable dextérité.

De temps à autre aussi, pendant la durée d'un congé, se rendaient là le cent-gardes Lesourd et le zouave Hubert.

Lesourd, après deux ans de service dans un régiment de cuirassiers, avait dû à sa conduite irréprochable et à sa haute taille de 1 m. 95 l'honneur d'être appelé dans le corps de cavalerie d'élite créé en 1854 et chargé de la garde de l'empeur et de l'impératrice. Bien qu'il ne vînt à la campagne qu'en petite tenue, il avait grand air et y faisait l'admiration de tous, avec son dolman garni d'aiguillettes, son bonnet de police crânement penché sur l'oreille, ses longues moustaches de brenn gaulois et sa stature imposante. Il initiait ses compatriotes aux détails de l'existence des souverains, à la règle du service prescrit aux Tuileries, au cérémonial usité dans les fêtes et les réceptions, aux faits et gestes des gros personnages qu'il y voyait habituellement défiler. Mais il se montrait discret pourtant, et ne parlait qu'à voix basse, soucieux de n'enfreindre nulle part la consigne stricte imposée dans les salles et les couloirs du palais.

Tout autre était Hubert, causeur instruit et conteur élégant. Son uniforme, qu'il portait avec désinvolture, attirait l'œil par la disparité des couleurs; et quand le « zouave » venait au village, avec sa veste à manches sans collet, son gilet de forme arabe fermé par devant, en drap bleu foncé soutaché de galons jonquille, son pantalon maure en drap garance, sa ceinture en cotonnade bleu de ciel, sa calotte rouge ornée d'un gland jaune, ses jambarts en cuir et ses guêtres blanches, il était entouré à l'envi de ses anciens camarades et suivi de tous les gamins du pays, qui, dès le lendemain, dans leurs jeux d'école, s'ingéniaient à imiter ses allures et à croquer ses traits. Aussi bien, Hubert, par son caractère ardent, son esprit aventureux, son audace impétueuse, était-il digne de figurer dans le corps auquel il appartenait, et qui, depuis sa création, en 1830, héritier de la bravoure des Kabyles indépendants qui l'avaient d'abord constitué, s'était signalé partout par son héroïque intrépidité. Lecteur passionné et doué de la plus heureuse mémoire, il émerveillait ceux qui l'écoutaient en leur déclamant des tirades de Victor Hugo, en leur chantant les refrains en vogue, en leur récitant surtout des pages entières de son livre de prédilection, — les *Trois Mousquetaires*, d'Alexandre Dumas, — et en leur narrant en particulier les exploits de d'Artagnan, son héros favori, ce cadet de Gascogne, pauvre, mais fier, noble et désintéressé, ferrailleur intraitable sur le point d'honneur, dont il faisait son idéal chevaleresque.

C'était chez les Dandreuil encore que, l'hiver, les amis se réunissaient le soir, autour d'un grand feu de bois pétillant dans la haute cheminée, et qu'ils y prolongeaient la veillée jusqu'au moment où les tisons s'éteignaient dans l'âtre. On jouait, on causait, on lisait, et les heures passaient vite. Tantôt, la soirée était remplie par les récits algériens du maître de la maison, maintes fois entendus, mais toujours écoutés avec plaisir, car des détails nouveaux, des scènes encore inédites, des anecdotes oubliées surgissant tout à coup de lointains souvenirs, en avivaient et en soutenaient sans cesse l'intérêt. La conquête de l'Algérie avait donné lieu d'ailleurs à toute une littérature, à la fois militaire et descriptive ; nombre de publications s'étaient infiltrées dans tous les hameaux de France, sous chaque toit on les avait feuilletées, — et ce que disait Dandreuil provoquait des approbations, des discussions, parfois même des controverses qui animaient la conversation et l'alimentaient d'opinions différentes.

Tantôt, on prenait place, pour d'interminables parties, autour d'une large table au bois vermoulu, éclairée en son milieu par la lumière d'une lampe à huile coiffée d'un abat-jour vert, et à chaque bout par la lueur vacillante de deux chandelles dont il fallait à tout instant couper les mèches noircies. Le jeu de l'oie, « renouvelé des Grecs, » les dominos, le loto se partageaient ces heures récréatives. Mais les cartes surtout en constituaient le principal attrait, et les vieux jeux d'autrefois, très goûtés au fond des campagnes, la brisque, le brelan, l'impériale, la bête hombrée, le besigue, tour à tour passionnaient les amateurs et excitaient leur entrain.

Quelquefois on chantait, mais le répertoire était peu varié. Béranger commençait à être démodé, bien qu'on fredonnât encore son « *Grenier*, » ses « *Hirondelles* » et son « *Vieux Sergent*. » Frédéric Bérat le faisait revivre pourtant avec le refrain qu'avait popularisé la célèbre Déjazet :

> Enfants, c'est moi qui suis Lisette,
> La Lisette du chansonnier....

Victor Hugo, avec la « *Sérénade* » de Marie Tudor, « *Gastibelza* », l'homme à la carabine, « *Puisque j'ai mis ma lèvre à la coupe encor pleine*, » était, lui, plus en vogue et beaucoup mieux goûté. On ouvrait ensuite le cahier de chansons — car chaque famille possédait alors sa collection manuscrite des mélodies les plus connues, — et on répétait les vieilles romances de jadis, les barcarolles vénitiennes, les berceuses andalouses, les aubades napolitaines, dont les grand'mères avaient endormi ou réveillé les petits enfants, et qu'en dépit de leur rythme traînant et suranné, les femmes aimaient volontiers à redire.

Assez fréquemment aussi, la veillée était consacrée à une lecture à haute voix, faite par l'un des assistants. La biblio-

ZOUAVES

thèque du château, mise gracieusement à la disposition de Dandreuil, offrait pour cela des ressources inépuisables. Berquin en avait été tiré d'abord ; mais la mièvrerie monotone de l'*Ami des Enfants* n'intéressait que mollement. — *Don Quichotte*, au contraire, éveillait la curiosité et surexcitait l'attention. Les aventures burlesques du chevalier errant, son équipée grotesque contre les moulins à vent, l'évocation constante de sa Dulcinée du Toboso, « la dame de ses pensées », tenaient les auditeurs en haleine, et d'eux-mêmes ils établissaient le contraste entre les extravagances du héros, ses émerveillements prodigieux, ses enchantements ridicules, et le bon sens de Sancho Pança, dont la philosophie pratique n'envisageait lès choses que par leur côté vulgaire, — entre Rossinante même, la monture étique du gentilhomme, et l'âne plein de rotondité de son fidèle écuyer.

Les chefs-d'œuvre de Le Sage et de Swift étaient écoutés avec autant de faveur que celui de Cervantès. Sous la cape et l'épée castillane, on suivait *Gil Blas* avec intérêt dans les scènes variées de son existence mouvementée, luttant contre la misère ou trônant dans l'élévation, et son esprit étincelant, sa verve satirique, son courage, faisaient oublier volontiers sa sotte vanité, ses travers, et les expédients plus ou moins honnêtes de son genre de vie. — Les *Voyages de Gulliver* étonnaient par l'étrangeté et la bizarrerie des êtres et des pays visités. Les nains de Lilliput et les géants de Brobding-nag apparaissaient sans doute comme les personnages d'une fiction trop outrée; mais quelle que fût la faiblesse des uns ou la force redoutable des autres, on comprenait que tous étaient soumis, comme le commun des mortels, aux vicissitudes et aux infirmités de la nature humaine, et qu'en eux s'agitaient toutes les passions des peuples ordinaires et des sociétés existantes.

Un autre livre, les *Mille et une Nuits*, captivait particulièrement l'esprit dans les soirées de la Renardière. Les contes arabes, attrayants et poétiques, dus à l'imagination féconde de Schéhérazade, avaient le don de rendre attentives toutes les oreilles, et de provoquer, une fois commencés, l'irrésistible désir de voir jusqu'au dénouement s'en dérouler l'écheveau. Et la trame du récit n'empêchait point de goûter au passage l'aspect éblouissant et magique du luxe asiatique, la peinture imagée des caractères et des mœurs de l'Orient.

Les vieux romans de Ducray-Duminil, dont la vogue de jadis se répercutait encore à travers les campagnes, avaient aussi parfois les honneurs de la lecture. On les achetait aux colporteurs qui, dès la fin de l'automne, venaient déballer dans chaque maison leur cargaison d'almanachs. Entre les « Mathieu Laensberg » et les « Mathieu de la Drôme », dont les prédictions étaient garanties comme absolument véridiques, le marchand prenait soin de glisser *Victor ou l'Enfant de la Forêt*, *Cœlina ou l'Enfant du Mystère*, et ces petits volumes à couverture jaune, au titre énigmatique, d'une acquisition peu coûteuse, restaient dans les chaumières, et bien souvent y constituaient seuls, avec les livres de prix des enfants, toute la bibliothèque de la famille.

Les causeries, dans ces veillées, alternaient avec les lectures ou les jeux, et y tenaient naturellement une place prépondérante. Mille sujets les alimentaient, futiles ou graves, puérils ou sérieux. Les nouvelles locales, les moindres événements de la vie champêtre, les faits divers de la région publiés par le *Journal du Loiret*, étaient exposés, commentés et interprétés. Les pronostics allaient leur train sur les variations atmosphériques que pouvaient amener un changement de lune, un halo de grande dimension, un ciel plus ou moins pommelé, un vent de galerne chassant les nuages de différente hauteur dans des directions opposées. Les mercuriales des marchés de Meung-sur-Loire, le lundi, et de Beaugency, le samedi, étaient examinées et comparées à celles des semaines précédentes. Les menus incidents du village, l'arrivée tardive du facteur, la réception d'une lettre depuis longtemps attendue, le passage d'un châtelain des environs conduisant lui-même son équipage, l'appel du médecin près d'un malade, la mort d'un vieillard estimé de tous, la naissance heureusement accomplie d'un enfant désiré, les projets de mariage entre jeunes gens, l'édification d'une maison nouvelle, tout ce qui forme, en un mot, l'essence même de l'existence campagnarde au jour le jour, fournissait matière à l'échange des propos. On s'entretenait aussi, cela va sans dire, des travaux et des choses agricoles, des conditions dans lesquelles avaient été faites les semailles, de la germination lente ou hâtive des grains confiés à la terre, de la crainte qu'inspirait la gelée ou des promesses que faisait naître la clémence de l'hiver pour le rendement de la future récolte.

Dans une société villageoise habituée à la monotonie des jours qui se succèdent sans dissemblance manifeste, chacun de ces petits faits procurait une émotion, et tout détail avait son importance. Mais quand la chronique locale se trouvait peu documentée, on reprenait volontiers les contes, les légendes et les histoires d'autrefois, que la tradition avait transmis et dont les pères ne manquaient pas d'instruire leurs fils. On ne croyait plus guère aux loups-garous, et pourtant, on citait encore quelques personnes, d'esprit faible, qui, moins de dix ans auparavant, avaient cru devoir, chargées de chaînes, courir pendant une nuit entière sur le territoire de sept communes limitrophes, pour se soustraire à l'influence imaginaire d'un maléfice jeté par le sorcier.

L'histoire du *loup blanc* était plus accréditée et avait, du reste, un certain caractère d'authenticité. Comme la bête du Gévaudan, dont toute la France s'occupa un siècle plus tôt, et qui jeta la terreur dans le Bas-Languedoc de 1764 à 1767, le loup blanc s'était acquis dans la Beauce entière, vers le milieu du xixe siècle, presque autant de renommée qu'un conquérant. C'était un animal de forte taille, au poil long, d'un blanc jaunâtre, qui rôdait dans la région, accompagné souvent d'un de ses congénères de l'espèce ordinaire. Il ne s'attaquait pas aux hommes et laissait passer tranquillement, sans se déranger lui-même, ceux qui se trouvaient sur son chemin. Mais la nuit, il s'approchait des fermes et livrait un assaut féroce aux parcs de moutons, y faisant de nombreuses victimes, sans que les chiens tremblants, cachés sous la cabane, fissent mine de lui opposer la moindre résistance, et sans que les cris ou les coups de fusil du berger pussent le mettre en fuite. Des battues avaient été organisées dans tous les bois d'alentour, des affûts dressés et des pièges tendus dans tous les endroits propices : le loup blanc déjouait ces tentatives et échappait à tous les traquenards. Un jour qu'on le chassait dans la forêt de Montpipeau, le baron Fressinet, excellent tireur, comme je l'ai dit, le voit venir et le vise à trente mètres, sûr de lui loger une balle dans le flanc. Mais l'arme de choix qu'il tient en mains et qui n'a jamais raté, pour la première fois fait long feu et n'effraie même pas la bête. C'était suffisant, avec ce qu'on disait des allures extraordinaires de l'animal, pour que l'imagination populaire le considérât comme invulnérable et fît de lui l'incarnation même de l'esprit du mal. Il disparut d'ailleurs de la contrée sans qu'on sût où il avait émigré ni ce qu'il était devenu.

L'accueil hospitalier de la maison Dandreuil ne se manifestait pas seulement dans les réunions amicales du soir. Toutes les personnes des environs que leurs affaires appelaient au village y étaient les bienvenues. Bigotteau, le marchand d'étoffes de Charsonville, ne manquait pas, le vendredi de chaque semaine, en exhibant ses nouveautés, de prendre là son goûter, tout en développant ses idées libérales et républicaines, très avancées pour l'époque. L'épicier Achard, d'Huisseau-sur-Mauves, qui boitait affreusement, se contentait, lui, de rapporter les commérages recueillis dans sa tournée, en déjeunant d'un hareng fumé qu'il arrosait d'huile avec abondance.. Le facteur Géron, au visage enluminé, qui, de Meung-sur-Loire desservait tous les hameaux de la commune de Baccon et accomplissait allégrement un parcours quotidien de plus de trente kilomètres, s'y reposait chaque jour un moment, assuré d'y trouver, l'hiver, un demi-setier de vin chaud pour se réconforter, et l'été, un verre de cidre pétillant pour étancher sa soif.

Jeanne Dandreuil, obligeante et charitable, ne marchandait elle-même ni son temps ni sa peine pour rendre service aux habitants du village. Jamais un pauvre ou un mendiant n'abordait en vain le seuil de sa demeure et ne se voyait refuser le morceau de pain ou le secours dont il avait besoin. Elle possédait d'ailleurs des connaissances pratiques qui faisaient défaut à bien d'autres ménagères ; elle savait panser une blessure, donner les premiers soins à un malade, préparer un cataplasme, administrer une dose de quinine, employer à propos dans la confection d'une tisane le tilleul, la violette, la mauve, la camomille, l'aigremoine ou la centaurée ; et en attendant l'arrivée du médecin, qu'on devait aller querir à Épieds ou à Meung, on mandait Jeanne, qui s'empressait d'accourir, et dont la présence seule auprès de la personne souffrante rassurait déjà la famille inquiète.

On l'appelait encore à l'occasion d'un mariage, car ses conseils étaient goûtés autant pour la toilette de l'épousée que
pour les préparatifs culinaires de la fête. Aussi, le lendemain,
quand les invités, conduits par le désopilant ménétrier Guérin,
revenaient de la quête du lait dans les fermes environnantes,
se rendaient-ils en corps chez Dandreuil pour remercier
Jeanne. Et c'était sur le pré attenant à la maison, devant la
grille du château, qu'avaient lieu les dernières réjouissances
nuptiales, et que se séparait au crépuscule la joyeuse société
chantant le refrain populaire :

> Allez-vous-en, gens de la noce,
> Allez-vous-en chacun chez vous...

V

ÉDUCATION D'UN ENFANT DU PEUPLE

Peut-être n'est-il pas inutile de dire encore comment on instruisait alors les enfants du village? L'éducation du petit Jacques Dandreuil nous en fournira un exemple.

L'esprit éveillé, l'oreille attentive, il ne laissait rien perdre des entretiens qui s'échangeaient à la maison paternelle. Sa physionomie ouverte, ses grands yeux bleus s'illuminaient d'un contentement radieux quand, d'un récit plein d'intérêt ou d'une lecture attrayante, surgissait pour lui une notion instructive, qu'il s'assimilait sans effort, et dont, à son insu même, se « meublait » sa mémoire. Il prenait goût surtout aux faits et aux choses militaires ; les actes d'héroïsme et de bravoure accomplis par les Français excitaient son admiration, leurs victoires l'enthousiasmaient, leurs désastres assombrissaient son jeune front, et peu à peu naissait en lui l'amour profond de la patrie et se développait en son cœur le sentiment vrai de l'orgueil national.

Avec les autres enfants du hameau, il fréquentait assidûment l'école primaire de Baccon, où il était le benjamin de son brave instituteur, qui disait de lui volontiers, — toutes proportions gardées, — ce qu'avait dit de Napoléon un des professeurs de Brienne : « Il ira loin, si les circonstances le favorisent. »

On ne saurait d'ailleurs rendre un hommage trop grand au

zèle et au dévouement de cet excellent maître, à sa science
pédagogique et à l'esprit de son enseignement. L'instituteur
de Baccon savait néanmoins initier ses élèves à ces « clartés
de tout » dont parle Molière, leur donner des connaissances
positives et variées, répandre en leur esprit une semence
féconde et suggestive, des idées d'indépendance et de sage
liberté, — et aucun ne le quittait sans le désir de s'instruire
davantage, d'étendre son horizon, de s'émanciper morale-
ment, d'être à la fois un honnête homme et un citoyen utile
à son pays.

Tous emportaient de l'école un petit bagage littéraire et
scientifique qui paraîtrait mince aujourd'hui sans doute, mais
qui, pour l'époque, était un viatique précieux. Ils pouvaient
écrire une lettre correctement, sans l'émailler de l'ortho-
graphe fantaisiste chère aux réformateurs a outrance de notre
belle langue française ; ils savaient presque par cœur les quelques livres de lecture qui avaient accès dans les classes ; ils
déchiffraient couramment le « manuscrit » et le « psautier » ; ils
récitaient sans broncher, et sans l'aide même de la carte murale,
des pages entières de la géographie de Meissas et Michelot,
et pouvaient dire la hauteur du pic Everest, dans l'Himalaya,
tout aussi bien que celle du mont Blanc, dans les Alpes, ou
celle du Canigou, dans les Pyrénées. Ils possédaient aussi des
notions d'histoire de France, un peu confuses toutefois, car
le petit ouvrage utilisé ne leur offrait que des anecdotes
d'une authenticité très contestable, léguées par la tradition
peut-être, mais dénaturées à travers les siècles et sans portée
aucune au point de vue de la genèse du peuple et du développement de la civilisation. L'enseignement religieux, qui
prédominait du reste, ne permettait guère, en ce temps-là,
de pousser bien loin au delà des Carolingiens, tout au plus
jusqu'à la Guerre de Cent Ans, l'étude absolument facultative
de notre propre histoire.

Il va sans dire que l'enseignement scientifique n'était pas
donné non plus d'une façon didactique : les élèves ne savaient
certes point, comme ceux de nos jours, obtenir de l'oxygène
en décomposant par la chaleur le bioxyde de manganèse ou le

chlorate de potassium ; ils ignoraient que, d'après Newton, les corps s'attirent proportionnellement à leurs masses et en raison inverse du carré de leur distance. Mais, à défaut de connaissances aussi techniques, ils apprenaient qu'un air vicié est préjudiciable à la santé, qu'il est dangereux de séjourner dans une chambre close non ventilée où brûle du charbon de bois ; qu'il est fort imprudent, par un temps d'orage, de s'abriter sous les grands arbres ; que les feux follets, auxquels s'attache une crainte superstitieuse dans les campagnes, ne doivent point être regardés comme des esprits errants et malicieux, qu'ils sont produits par les émanations d'un gaz inflammable qui se dégage des terrains marécageux, des lieux où se décomposent des matières animales et végétales. Ils étaient habitués à voir et à observer, à noter les phénomènes météorologiques dont ils ne se rendaient pas compte, pour en demander l'explication ; et si la théorie du *choc en retour* leur était inconnue, ils comprenaient néanmoins pourquoi l'on peut être frappé par la foudre à une assez grande distance de l'endroit où le tonnerre éclate ; si les lois de l'attraction leur étaient indifférentes, cela ne les empêchait pas d'être sensibles à la majesté du ciel étoilé qui rayonnait au-dessus de leurs têtes, de contempler avec admiration l'univers dans son immensité, et de savoir distinguer même, parmi tous les corps célestes qui se meuvent dans l'espace, quelques planètes et quelques constellations, sans confondre la lumière rougeâtre de Mars avec le reflet brillant de Jupiter, ni la scintillation vive de Sirius avec la blancheur éclatante de Vénus, précédant le lever du soleil ou ne se montrant qu'après son coucher.

Rien non plus de ce qui touche à l'exploitation des champs ne leur était étranger. On ne faisait point avec eux d'expériences démonstratives, on ne leur parlait pas de chimie agricole ni de culture intensive. Mais ils étaient renseignés sur la composition du sol arable, les divers modes d'assolement, le système encore usité des jachères et l'emploi judicieux des engrais et des amendements, sur les céréales qui conviennent le mieux à la nature des terrains, les plantes qui constituent les meilleures prairies artificielles ou naturelles, les travaux qu'exigent les semailles, la moisson, la fenaison; — et ces notions suffisaient pour leur valoir des succès au concours cantonal organisé à l'occasion du Comice agricole de Meung-sur-Loire.

Ils herborisaient aussi, non point pour former des collections soigneusement étiquetées, mais dans un but pratique et utilitaire. La flore de la région, abondante et variée, offrait des ressources que le maître savait utiliser, et dans les promenades scolaires, le long des chemins, à travers les champs, par les prés ou sur le bord des ruisseaux, les élèves apprenaient, comme en se jouant, les propriétés médicinales des plantes les plus connues. Les coquelicots et les bleuets, dont ils faisaient, avec les marguerites, des bouquets tricolores, ne servent pas seulement, leur disait-on, à égayer le sol d'une admirable parure : ces fleurs d'un rouge éclatant sont employées dans la confection d'un sirop expectorant, ou, desséchées, de même que celles du sureau, que les baies noires et pulpeuses de l'hièble, comme stimulantes et sudorifiques; ces autres, d'un bleu d'azur, fournissent par la distillation une eau réputée souveraine contre les maux d'yeux. Mais ne les confondez pas avec celles de la gentille spéculaire, le *miroir de Vénus*, d'un violet foncé à l'intérieur, plus pâle en dehors, qui, douillettes et frileuses, ne s'ouvrent que sous les rayons du soleil.

Et la leçon de botanique se poursuivait sous cette forme, avec une indication caractéristique sur chaque plante découverte. Les enfants s'y intéressaient, provoquaient d'eux-mêmes le développement de ce cours officinal fait à la manière des péripatéticiens, et tous savaient, en quittant l'école, que les graines de la nielle des blés, par exemple, communiquent à la farine un goût désagréable et la colorent en noir; que la fumeterre aux fleurs purpurines, dont le suc amer fait pleurer comme la fumée, peut combattre les fièvres légères; que le bouton d'or, d'un jaune luisant, et tous les types de nos renoncules indigènes sont très caustiques et même vénéneux; — que les racines sèches de l'iris bleu des jardins ou du

glaïeul jaune des marais sont utilisées par les ménagères pour
donner au linge de leur lessive un agréable parfum ; que les
fleurs du mélilot, qui attirent les abeilles par leur odeur
miellée, servent en lotion dans les ophtalmies peu graves ; —
que la jusquiame, cette plante d'aspect sombre et livide, à
odeur vireuse, qui croît dans les lieux incultes, parmi les
décombres, et qu'on trouvait dans les carrières abandonnées
de la Renardière, est un des poisons végétaux les plus redou-
tables, mais que la fumée de ses graines brûlées peut calmer
les douleurs de dents ; — que la douce-amère, cette solanée
aux fleurs semblables à celles de la pomme de terre, aux tiges
sarmenteuses et grimpantes, dont l'arrière-goût sucré détruit
l'amertume primitive, exerce son action contre les maladies
de la peau ; — et que si le nénuphar enfin, qui poussait à foison
dans les fossés du voisinage des Mauves, n'a pas les qualités
sédatives qu'on lui attribuait autrefois, il n'en est pas moins
remarquable par ses feuilles nageantes, étalées à la surface
de l'eau, que de longs pédoncules attachent au chevelu des
racines, et par ses grandes fleurs, d'un blanc pur, qui, le soir,
se ferment et rentrent sous l'onde pour ne reparaître qu'à la
lumière du soleil.

En arithmétique, les élèves de Baccon pouvaient répondre
à des questions assez ardues ; ils savaient résoudre des pro-
blèmes relativement compliqués, extraire une racine carrée
et même une racine cubique, trouver la surface d'un champ
de forme irrégulière, déterminer, d'après son ombre, la hauteur d'un peuplier, « jauger » un tonneau et « cuber » aussi
un tronc d'arbre ou un tas de cailloux.

Et le maître qui leur apprenait toutes ces choses était
d'autant plus méritant qu'à ses fonctions d'instituteur s'ajou-
taient celles de secrétaire de mairie, d'écrivain public, de
géomètre et de dessinateur, d'organiste et de chantre à
l'église.

Le jeudi, Jacques Dandreuil le suivait à travers la plaine
et s'initiait avec lui aux opérations de l'arpentage. Aux fêtes
de distributions de prix, dans les saynètes ou les comédies
enfantines qu'il était d'usage de représenter, au fond d'une

grange ou sous le préau de l'école, et qui constituaient un spectacle particulièrement goûté des familles, — le seul, bien souvent, qui donnât aux gens sédentaires du pays l'illusion lointaine d'une scène théâtrale, — Jacques encore interprétait presque toujours le rôle principal de la pièce, et il s'en acquittait à la satisfaction générale : soit que, l'accordéon ou le fifre en mains, il parût sous le costume pittoresque d'un *pifferaro* italien; soit que, coiffé du chapeau pointu de l'astrologue ou du charlatan, il tirât l'horoscope ou débitât des drogues pour la guérison prompte et sûre des maladies qui affligent l'humanité; ou bien encore que, de sa voix de tête, claire et argentine, il chantât les soli du chœur préparé pour la solennité, il conquérait tous les suffrages et l'assistance ne lui ménageait pas ses applaudissements.

L'école et la famille concouraient ainsi à son éducation, et la variété des enseignements devenait pour lui, sans fatigue intellectuelle, une source jaillissante d'idées nouvelles.

Mais si apte que fût Jacques Dandreuil à s'assimiler ce qu'on lui apprenait, à comprendre aussi facilement un théorème de géométrie qu'une règle de syntaxe, il n'en avait pas moins ses préférences d'études, et rien ne le captivait autant que l'histoire et la géographie de son pays. — La beauté de la France, sa situation privilégiée entre les Pyrénées et les Alpes, la Méditerranée et l'Océan, la douceur de son climat, le ciel bleu de la Provence et les roches granitiques de la Bretagne, les grands fleuves qui sillonnent son territoire et fécondent ses campagnes, ses coteaux verdoyants où poussent les ceps vigoureux, ses plaines immenses où mollement ondulent les céréales, ses villes et ses ports, où se concentre l'activité commerciale, ses richesses agricoles, industrielles et artistiques; — puis son passé glorieux, malgré des taches sombres, son esprit chevaleresque et sa magnanimité à travers les siècles, ses triomphes et ses revers, ses joies et ses deuils, l'héroïsme de ses enfants, depuis Vercingétorix jusqu'à Hoche et du Grand-Ferré au sergent Blandan, la réputation universelle de ses généraux, de ses grands hommes, de ses écrivains, de ses savants, les idées de justice, de tolérance et de liberté

qu'elle a semées dans le monde, — toutes ces choses dont
Jacques avait eu l'intuition d'abord et qui, peu à peu, lui
apparaissaient plus nettement par les récits de son père, les
leçons de l'instituteur et les lectures auxquelles il s'adonnait
avec passion, imprégnaient sa jeune âme d'un sentiment
d'admiration et d'amour pour cette France noble et fière,
pétrie des traditions d'honneur et de vertu de ses ancêtres, de
leurs efforts séculaires, comme de leurs larmes et de leur
sang, de leurs angoisses et de leurs espérances!

Aussi, s'attachait-il, à mesure qu'il grandissait, et quand
l'occasion lui en était offerte, aux souvenirs qui rappellent
des faits historiques, et contemplait-il, déjà rêveur et pensif,
les vieux monuments et les édifices en ruines dans lesquels
survit un vestige du passé, où luit un rayon permanent de
l'existence de nos pères.

Au moins une fois par an, au mois de juin, ses parents le
conduisaient à Orléans. — C'est l'époque où se tient en cette
ville la *foire du Mail*, et de tous les coins de la Beauce, de la
Sologne, du Val de la Loire ou du Gâtinais, les habitants du
Loiret sont attirés alors au chef-lieu de leur département.
Ils se font en quelque sorte une obligation de ce voyage : il y
a là pour eux un point d'honneur, comme pour le Parisien la
visite annuelle du Salon.

Jacques était à la fois ébloui par tout ce qu'il voyait —
loteries, boutiques, théâtres, musées, cirques, ménageries, —
et étourdi par tout ce qu'il entendait — cris assourdissants
des débiteurs de boniment, faisant la parade et discourant
sur les tréteaux, cacophonie des instruments de cuivre mêlant
leurs sons aigus aux roulements des tambours, aux coups
retentissants de la grosse caisse ou du tam-tam, détonation
des armes à feu dans les salons de tir, rugissement des fauves
dans leurs cages de fer. Son jeune âge ne le rendait certes pas
indifférent à toutes ces attractions. Mais quand il quittait le
Mail, cette jolie promenade qui aligne ses quatre rangées de
marronniers sur plus d'un kilomètre de longueur, et que, suivant la rue Bannier, il arrivait sur la place du Martroi, son
admiration devenait plus vive et plus intense encore à l'aspect

de la statue équestre de Jeanne d'Arc. A regarder ce bronze qui lui rappelait deux siècles de notre histoire — d'Eustache de Saint-Pierre, le dévoué citoyen de Calais, à François de Guise, le vainqueur de Charles-Quint, qui avait effacé la

STATUE DE JEANNE D'ARC A ORLÉANS

dernière trace de la Guerre de Cent Ans en reprenant cette ville aux Anglais, — Jacques Dandreuil éprouvait un frisson que ne lui faisait ressentir aucune des curiosités du champ de foire. Il n'y avait pas longtemps, du reste, que le monument, œuvre du sculpteur Foyatier, se dressait au milieu de la place, et les Orléanais le montraient avec fierté : l'inauguration en avait été faite le 8 mai 1855, jour de l'anniversaire de la délivrance d'Orléans, et plus de 60 000 étrangers avaient assisté aux fêtes magnifiques données à cette occasion. C'était plus récemment encore, en 1861, que les dix bas-reliefs admirables qui résument l'histoire de Jeanne la Lorraine, dus au ciseau d'un autre artiste, Vital Dubray, avaient été posés sur le granit qui supporte la statue.

Aussi bien, toute la région redisait-elle la lutte héroïque soutenue alors contre l'envahisseur par la bergère de Domremy, l'inspiratrice en France du vrai patriotisme et du réveil dans les cœurs de l'horreur sainte du joug étranger. Après le siège d'Orléans, Jeanne avait attaqué les Anglais, fortifiés à Meung-sur-Loire, — la patrie du poète Jehan Clopinel — et forcé la garnison à capituler. Beaugency leur avait été repris, le 14 juin 1429, par le duc d'Alençon. Patay avait été le théâtre, quatre jours plus tard, le 18 juin, d'une défaite complète de l'armée anglaise : 1 200 soldats s'étaient rendus, et Xaintrailles, l'un des plus actifs combattants de la journée, avait fait lui-même prisonnier le général Talbot, à qui, du reste, poussé par une générosité chevaleresque, il rendit la liberté sans rançon. — Tout près de là encore, à Rouvray-Sainte-Croix — qui portait la dénomination finale de *Saint-Denis* au xve siècle, — avait eu lieu, le

HÔTEL DE VILLE DE BEAUGENCY

12 février précédent, la fameuse *Journée des Harengs*. Le comte de Clermont et ses nobles compagnons, victimes de leur indiscipline et de leur forfanterie, n'avaient pu, ce jour-là, s'emparer du convoi de vivres que conduisait sir John Falstaff; mais au moins les Anglais qui assiégeaient Orléans n'en profitèrent-ils pas intégralement, car maints tonneaux, éventrés et brisés, jonchèrent le sol avec la provision de harengs qu'ils contenaient.

La « *Saint-Quentin* », fête du village de Baccon, qui a lieu le deuxième dimanche de juillet, n'était pas non plus sans apporter à Jacques son contingent d'impressions et d'idées. Une foire aux bestiaux, qui la continue le lendemain, était alors très fréquentée; les bateleurs et les boutiquiers accouraient s'y installer à l'envi, sûrs d'encaisser une recette convenable. En 1863, un théâtre ambulant, exploitant l'actualité du moment — ce que M. Rouher appelait « la plus grande pensée du règne, » — y donnait des représentations sur les faits principaux de la guerre du Mexique. On applaudissait Bazaine, dispersant à San-Lorenzo l'armée du général Comonfort, — Bazaine qui devait, sept ans plus tard, se couvrir d'opprobre et mériter d'être traîné par son pays aux gémonies!

ROUHER

On assistait au siège meurtrier de Puebla, énergiquement défendue par le général Ortega, puis à la reddition de la place tombée en notre pouvoir quelques semaines auparavant, le 17 mai, — et enfin à l'entrée, sans coup férir, des Français à Mexico, la capitale que Juarez avait quittée pour transporter à San-Luis Potosi les pouvoirs de la fédération mexicaine. On s'enthousiasmait au spectacle de ces scènes militaires où, sur des rives lointaines, le drapeau tricolore semblait s'auréoler d'une gloire nouvelle. Le peuple des campagnes ne

BAZAINE
(Cliché Goupil).

pouvait prévoir assurément que cette funeste aventure, dans laquelle la France agissant seule, après les satisfactions acceptées par l'Espagne et l'Angleterre, sacrifiait des milliers d'hommes, engloutissait des sommes immenses et perdait une grande partie de son matériel de guerre, était sans issue, — et que, engagée follement par l'esprit inquiet de Napoléon III, elle devait se terminer, après quatre années de luttes sanglantes et stériles, par la mort de l'archiduc Maximilien d'Autriche, souverain éphémère de l'empire mexicain, fusillé le 19 juin 1867 dans les fossés de Querctaro, et par la folie de sa malheureuse veuve, la princesse Charlotte, fille du roi des Belges.

Jacques Dandreuil, on le devine, de par ses sentiments et ses inclinations, se serait avec goût consacré au métier des armes. Mais ses parents ne disposaient pas des ressources nécessaires pour le conduire jusqu'à Saint-Cyr. Ils lui firent continuer ses études à Orléans pendant quelques années encore, avec la perspective de lui donner accès dans un bureau ou de lui ouvrir les rangs de l'enseignement primaire, — et il venait de conquérir ses diplômes quand éclata la guerre de 1870. — Disons tout de suite que, devant l'ennemi, il n'oublia pas les leçons patriotiques de l'école et de la famille et qu'il fit courageusement son devoir.

VI

LE PRINTEMPS DE L'ANNÉE TERRIBLE

L E printemps de 1870 s'était levé dans une aurore vermeille. Dès les premiers jours d'avril, un soleil radieux inondait de ses rayons réconfortants la campagne encore engourdie, pendant qu'une brise tiède et molle chassait au loin les brumes finales de la saison inclémente. Le paysan, secouant ses instincts frileux, se sentait ragaillardi et prêt au dur labeur avec la venue anticipée des hirondelles; le citadin, plus tôt que d'habitude, songeait aux villégiatures et se hâtait de faire approprier son habitation d'été.

Déjà même, le château de la Renardière attendait ses hôtes, qui se montraient impatients de quitter leur vieil hôtel de Paris, rue de l'Université, pour assister près des Mauves à l'éclosion des premiers bourgeons et à l'édification des premiers nids.

Ce château, vendu par les héritiers de M. de Billy, était devenu, en 1866, la propriété de M. Colombier. Fils d'un grand manufacturier de Lille, le nouveau châtelain avait fait restaurer et moderniser le manoir, en avait agrandi les dépendances par l'acquisition du bois de la Vallée, des terres de la ferme de Clos, et s'était constitué là une villa des plus agréables.

On menait joyeuse vie dans la maison, le luxe y était

goûté, la domesticité nombreuse, les réceptions fréquentes.
De mai à novembre, d'incessantes théories d'amis s'y succédaient, attirés les uns par le plaisir de la chasse, les autres par la fraîcheur des pelouses, sur les bords de l'étang, ou par l'ombre des hautes frondaisons, sous les allées du parc.

Deux ou trois blonds enfants, dont l'aîné avait à peine huit ans, égayaient de leur gentillesse et de leurs ébats les parents et les invités. Confiés de bonne heure aux soins de maîtresses étrangères attachées à la famille, ils apprenaient les langues vivantes par la pratique de la conversation, et déjà, sans la moindre étude grammaticale, ils parlaient l'anglais et l'allemand aussi correctement que le français même.

NAPOLÉON III

(D'après le tableau
de Flandrin).

Au renouveau de 1870, toute cette joie cependant n'était pas sans nuage : la sérénité du ciel, le calme de l'atmosphère ne se reflétaient point dans les esprits. De sombres pressentiments inquiétaient l'opinion publique; un malaise croissant envahissait le pays tout entier, s'étendant des villes aux bourgades, et chacun, même le campagnard, jusque-là irréductible dans sa foi impériale, prévoyait une crise politique.

On sait comment le plébiscite du 8 mai, qui semblait devoir consolider l'Empire, en précipita la chute et eut pour conséquence la mutilation de la patrie. Napoléon III s'illusionna et vit dans ce succès un nouveau témoignage de la confiance du pays. Pour affermir son autorité gravement compromise, il lui suffisait maintenant, pensait-il avec son entourage, d'un peu de gloire militaire à l'extérieur; — et la candidature d'un prince de Hohenzollern au trône d'Espagne fournissait l'occasion désirée pour déterminer avec l'Allemagne un conflit hasardeux dont l'éventualité, depuis Sadowa, paraissait imminente, au delà comme en deçà du Rhin.

A Baccon, le vote plébiscitaire s'était effectué sans incident. Le châtelain de la Renardière et quelques autres opposants avaient tenté, mais en vain, de jeter la défiance dans l'esprit des électeurs : sur deux cents suffrages exprimés, une dizaine de *non* seulement furent trouvés dans l'urne. Les cultivateurs du pays, qui composaient la majorité du corps électoral, n'étaient pas frondeurs. Ils subissaient l'inquiétude générale et partageaient certes les anxiétés du moment. Mais, tant bien que mal, la terre les nourrissait; ils vendaient leurs grains, sans bénéfice important, du moins avec facilité; ils vivaient tranquillement, dans l'insouciance du lendemain, et

GAMBETTA

(Cliché Carjat).

se complaisaient à croire qu'une paix stable leur garantirait indéfiniment cette placide existence. Puis, on était en floréal; — et en se rendant au scrutin, par les sentiers verdoyants ou les chemins de traverse de la plaine, les braves gens se disaient que les blés avaient belle apparence, que les luzernes et les sainfoins donneraient à profusion, que l'alouette chantait dans l'azur plus joyeusement encore, que le haut vol de l'hirondelle ne présageait pas l'approche de la tempête, — et que tout cela, en somme, justifiait le vote qu'ils allaient émettre et leur permettait d'acclamer de nouveau Napoléon III, et d'avoir, comme lui, toujours foi en son étoile.

Que de suffrages affirmatifs, ce jour-là, furent dus par toute la France à de semblables réflexions! Mais si la saison printanière portait les cœurs à l'indulgence, elle dissimulait une œuvre néfaste, car en même temps que les jeunes pousses et les rameaux opulents — qui d'ailleurs, à Baccon, devaient être ravagés deux semaines plus tard, le 25 mai, par une grêle désastreuse et étiolés ensuite par une longue sécheresse, — elle faisait poindre aussi, de tous côtés, le tranchant des sabres et le fer des baïonnettes.

L'été fut, en effet, torride. Le thermomètre, le 24 juillet, enregistrait en France la plus haute température du siècle et marquait à l'ombre, à Poitiers, 41 degrés 2 dixièmes.

La famille Dandreuil, habituée du château, avait le libre accès du parc de la Renardière. Profitant de la gracieuseté du propriétaire, elle goûtait un soir — c'était le 15 juillet, — la fraîcheur crépusculaire près de l'étang, sous un massif de vieux marronniers dont le feuillage épais couvrait d'un manteau sombre le banc qui s'y trouvait abrité. Malgré l'heure avancée, les travaux des champs, poussés activement, animaient encore la plaine de leurs bruits multiples; on entendait au loin les chansons des moissonneurs attardés, qui continuaient jusque dans la nuit à faire tomber sous leur faux acérée les tiges alourdies des blés mûrs.

Une poésie pénétrante se dégageait du lieu et de la situation : la lune, par instants, émergeant d'un nuage, se reflétait dans l'étang et promenait sa lueur pâle sur l'herbe des pelouses; l'eau qui filtrait en cascade par la vanne voisine mêlait son tintement argentin aux notes mélancoliques d'un nocturne que jouait au piano l'un des hôtes de la maison, — et dans ce coin enveloppé de verdure et d'ombre, en cette soirée propice, toute parfumée des senteurs de la prairie, un frisson pourtant agitait les cœurs. L'horizon se voilait, des nouvelles alarmantes se répandaient dans les campagnes, un cliquetis d'armes résonnait d'un bout de la France à l'autre, la tempête allait peut-être éclater soudain.

Le lendemain, l'orage était effectivement déchaîné, car à l'heure même où Dandreuil exprimait ainsi ses craintes, le Corps législatif, dans une séance de nuit, décidait follement des destinées de la Patrie.

L'arrivée du facteur à la Renardière jeta l'émoi dans toutes les familles. Les journaux qu'il apportait — et notamment le *Journal du Loiret* — publiaient, aux dernières dépêches, que la discussion engagée à la Chambre des députés ne laissait aucun doute sur l'ouverture des hostilités avec l'Allemagne, et d'une maison à l'autre la nouvelle circula et fit battre les poitrines.

Trois jours après, le 19 juillet, la déclaration de guerre était officiellement notifiée à Berlin et, des deux côtés de la frontière, les bataillons et les escadrons se ruaient vers le Rhin.

VII

LES PLAINES DE LA BEAUCE

Pᴀʀɪs avait été investi le 18 septembre, et dès ce même jour, sans perdre une minute, l'ennemi lançait des troupes d'avant-garde dans la direction de la Loire, à peu près sûr de ne rencontrer aucune résistance sérieuse. La France n'avait plus alors que des débris d'armée; Bazaine, à la tête des seuls régiments réguliers qui nous restaient, les immobilisait dans Metz, décidé à les livrer plus tard, épuisés par les privations et la famine, au prince Frédéric-Charles.

Des colonnes de cavalerie s'avançaient vers Étampes et Orléans, explorant le pays, faisant des réquisitions dans les villages, rançonnant les populations, et jetant partout la terreur et l'effroi. Dès le début de la guerre, les Allemands avaient inauguré ces reconnaissances à longue distance et en tiraient le plus profitable parti. L'état-major était alimenté ainsi de renseignements précieux non seulement aux points de vue stratégique et topographique, mais encore sur les ressources qu'offrait la région pour la subsistance des troupes, les approvisionnements qu'y pouvait trouver l'intendance, les dispositions plus ou moins belliqueuses des habitants. Si, parfois, un peloton s'aventurant trop loin et dépassant les ordres reçus, essuyait quelque surprise et subissait un échec, l'officier qui le dirigeait en était à peine réprimandé, car à tous les degrés de l'échelle hiérarchique, depuis le capitaine jusqu'au commandant de corps, l'initiative la plus audacieuse chez nos ennemis était laissée aux chefs.

D'ailleurs, d'après l'opinion, peut-être un peu exclusive, du général russe de Woyde, ce n'est pas à la science du grand état-major ni aux savantes combinaisons de de Molkte,

PLAINE DE LA BEAUCE

dont le rôle a été surfait, qu'il faut attribuer les victoires allemandes, mais bien à cet esprit d'initiative déployé en toute occasion, par les sous-ordres et les chefs de tous grades, et poussé jusqu'à la témérité et l'imprudence même la plus excessive. Une cause unique, mais capitale, explique au contraire les revers des Français : c'est la passivité des chefs et leur manque absolu d'initiative, chacun craignant d'engager sa responsabilité et attendant avec calme des instructions qui n'arrivent jamais.

La ville d'Orléans, située au sommet de la grande courbe que la Loire décrit vers le Nord, est en quelque sorte comme une citadelle avancée de Paris; elle protège le centre de la France et par la vallée du fleuve, qui, de là, descend au sud-ouest, vers Saint-Ay, Meung et Beaugency, en marque la délimitation avec la région septentrionale. Les 120 kilomètres qui la séparent de la capitale, en terrain presque plat, ne représentent que quelques jours d'étapes pour une armée en campagne qui pousse activement les opérations, et le sort des deux villes s'est le plus souvent identifié dans l'histoire, toutes les fois que l'étranger foula le sol de la Patrie.

Il n'était donc pas douteux qu'Orléans, après l'investissement de Paris, jouerait un rôle important dans l'organisation de la défense et serait un rempart promptement convoité par l'ennemi.

C'est dans la partie nord-ouest du département du Loiret qu'allaient se produire les chocs les plus sanglants et que les combattants devaient se disputer avec acharnement le terrain.

A l'ouest d'Orléans, sur une étendue de 455 hectares, est plantée la forêt de Montpipeau, entre les bourgs ou hameaux de Gémigny, Rozières, Coulmiers, La Renardière, Huisseau-sur-Mauves, Villeneuve-d'Ingré, Bucy-Saint-Liphard et Ormes.

Un seul cours d'eau, le ruisseau des Mauves, coule au sud de cette région, surgissant de nombreuses sources à la Détourbe, à la Cour-Saint-Christophe, à la Renardière, dans le parc du château, dans les fontaines profondes de la Grande-Motte et du moulin de la Petite-Motte, et grossi de quelques étroits affluents, va se jeter dans la Loire un peu en aval de Meung, après un parcours d'une quinzaine de kilomètres.

En remontant vers le nord, dans le canton de Patay, on se trouve en pleine Beauce, sur le plateau tertiaire, faible-ment ondulé, où la culture des céréales est abondamment productive.

Ces plaines nues, d'une désolante uniformité, ont été maintes fois décrites, et si l'on a vanté l'inépuisable fertilité qui leur a valu d'être surnommées le « Grenier de la France », on a souvent médit aussi de leur manque d'attrait pittoresque, de leur aspect terne et fuyant, de leur prosaïsme insipide et mélancolique. « La monotonie, dit M. Adolphe Joanne, en surpasse encore la fécondité : on n'y voit ni collines, ni mamelons; pour ruisseaux, des lits desséchés; pour sources, des puits profonds, de petites mares croupissantes, et çà et-là une fontaine dont l'eau tarit dès qu'il fait un peu chaud, ou filtre et disparaît sous terre. — Pas d'arbres, si ce n'est des arbres fruitiers, et, de chaque côté des routes, des ormeaux ébranchés et tordus; des champs, des sillons, de rares vignes, des haies, des fossés, des chemins en ligne droite, à perte de vue, des moulins à vent, des fermes et des paillers; de loin en loin, dans la plaine, des villages et de gros bourgs, presque sans souvenirs et sans monuments : voilà la Beauce. — On ne trouve les eaux courantes, les prairies, les rochers, la fraîcheur, l'ombre, les bocages, que dans les vallons qui s'ouvrent sur la Loire, vers Meung et Beaugency.... »

Et l'écrivain militaire qui, sous le pseudonyme de Pierre Lehautcourt, nous renseigne avec la compétence d'un officier supérieur d'état-major, renchérit encore sur le géographe pour assombrir le tableau. « En automne, dit-il, en hiver surtout, ces grands espaces sont d'une tristesse sans égale; un ciel bas confond ses contours avec un horizon étroitement borné; autour du spectacteur, en dehors de quelques arbres qui découpent leur silhouette noire sur le fond gris, à part les lignes de meules qui dressent de tous côtés leur profil géométrique, rien n'arrête le regard. Aucun couvert n'abrite du vent, de la pluie ou de la neige dans ces vastes plaines; les ouragans y font rage. »

Le Beauceron ne souscrit pas entièrement à ces descriptions d'une réalité un peu outrée. Il aime son pays et il y trouve des charmes. Ce n'est pas qu'il puisse promener le touriste par monts et par vaux, ni lui faire entendre souvent le murmure des eaux courantes. Mais il peut néanmoins, par-ci par-là, lui offrir l'hospitalité ombreuse de bouquets de bois semés dans la plaine, lui faire constater que les arbres qui bordent ses routes ne sont pas tous rachitiques, et lui rappeler que la suite de collines qui sillonnent la contrée, bien que peu accidentées, ne sont pas cependant sans importance géographique, puisqu'elles forment la ligne de séparation des deux bassins de la Seine et de la Loire.

Sous son teint hâlé, qu'il ne cherche même pas à protéger efficacement contre les ardeurs du soleil, le Beauceron apparaît avec une physionomie pleine de rondeur et de franchise, un air non affecté de rassurante quiétude et de contentement de son sort, une constitution robuste et une énergie musculaire inlassable, avec les allures, en somme, d'un cultivateur aisé et d'un gaillard bien portant. Il n'a rien à envier aux autres ruraux qu'il coudoie, et notamment à son voisin de la rive gauche de la Loire, l'habitant de la Sologne, — cette région naguère encore si pauvre et si déshéritée.

Et puis, la Beauce, quoi qu'on dise, a ses souvenirs et même ses monuments. Ces plaines sans fin, à différentes époques, ont été le théâtre d'événements historiques considérables. Les légions romaines, les hordes franques et les troupes anglaises les ont tour à tour foulées et piétinées, y laissant partout des traces de leur passage. La grande voie romaine qui conduisait de Blois à Paris, — et qu'on appelle aujourd'hui « le chemin des Bœufs », — déroule à travers elles, du sud-ouest au nord-est, son interminable ruban, et sous la friche, de distance en distance, émergent encore les pavés plats et inégaux qui ont résonné jadis du pas lourd des cohortes guerrières, de la course agile des porteurs de nouvelles échelonnés d'un pays à l'autre, comme du va-et-vient des populations errantes. — A l'est de la Renardière, entre les fermes de Villard et de Clos, une section cadastrale, dite « le Haut de César », rappelle, d'après la tradition, l'emplacement d'un camp romain, protégé là, sur un plateau judicieusement choisi, d'un côté par les bois de Montpipeau, de l'autre par la vallée des Mauves.

Si aucun édifice remarquable, à part les vieilles églises de quelques gros bourgs et les ruines éparses de certains manoirs féodaux, ne sollicite l'attention de l'archéologue, l'explorateur y découvre maints vestiges des siècles disparus : ces tertres, qui se dressent souvent à la lisière d'un boqueteau et où l'on découvre des ossements humains et des fragments d'armes, sont des *tumuli* pieusement élevés par nos ancêtres à la mémoire de leurs morts; ces champs presque incultes qui couronnent ordinairement un coteau, et où la charrue fait surgir du sol des débris crayeux, sont des cimetières gallo-romains ou mérovingiens, et des fouilles peu profondes suffisent quelquefois pour y mettre à jour des sarcophages intacts, garnis de potiches, de pièces de monnaie, de bijoux ou d'ornements précieux.

Ici, à l'intersection de chemins ou de sentiers qui se perdent dans les terres labourées, c'est un *dolmen* que l'inclémence des temps n'a pu ébranler et devant lequel, comme le Breton silencieux et rêveur près de la haute pierre plantée au milieu de sa lande, le paysan orléanais ou chartrain lève la tête et se remémore vaguement ce qu'on lui a dit à l'école du culte des Druides, de la cueillette du gui et des sacrifices à Hésus ou à Teutatès. — Ailleurs, dans une clairière du bois de Fontaine, par exemple, lieu consacré, semble-t-il, des prêtres gaulois, ce sont encore d'énormes pierres, disposées en cercle et qui constituent une sorte de *cromlech* ayant servi aux cérémonies celtiques.

Là, dans un vallon creusé par les bouleversements géologiques de l'époque quaternaire, c'est un amoncellement de rochers de toute forme et de toute grosseur, véritables blocs erratiques n'ayant aucune analogie avec les gisements de la région, et que la bizarrerie des cataclysmes diluviens a jetés ironiquement parmi les blonds épis.

Et l'imagination populaire a donné un nom à ces restes d'une civilisation reculée ou d'origine même préhistorique : la large pierre plate du dolmen, horizontalement posée, c'est le palet avec lequel jouait Gargantua, le héros gigantesque de Rabelais; les roches arrondies du vallon, ce sont les cailloux qu'il portait dans ses bottes et dont il s'est débarrassé pour alléger sa marche.

Au vi⁰ siècle de notre ère, un drame historique terrible se joua d'ailleurs en ces lieux. — Après le partage de la monarchie franque entre les quatre fils de Clovis, et bien que les Burgondes fussent alors tributaires, Clotilde, dont la haine n'était point apaisée, avait excité ses enfants, et en particulier Clodomir, roi d'Orléans, à conquérir la Bourgogne, où régnaient Gondemar et Sigismond, fils de Gondebaud, le meurtrier de sa famille. Les Burgondes furent défaits, en 524, et Sigismond fut pris. Clodomir le traîna quelque temps à sa suite, puis le fit décapiter avec sa femme et deux de ses enfants et fit jeter les corps dans un puits qui fut comblé de pierres. — Ce puits, resté fameux, c'est celui que renferme actuellement l'église de la commune de Saint-Sigismond, dans le canton de Patay.

Or, Grégoire de Tours, dans son *Histoire des Francs*, et, après lui, le chroniqueur Aimoin, bénédictin de Fleury-sur-Loire, dans sa compilation historique, qui va jusqu'en 654 et qui a joui d'une grande popularité au moyen âge, désignent l'un et l'autre sous le nom de « *vicus Columna* » l'endroit où s'accomplit le meurtre du roi des Burgondes. — Et le village de *Coulmiers*, célèbre désormais par la victoire éclatante que les Français y remportèrent sur les Allemands, le 9 novembre 1870, prétend être ce *Columna* de nos vieux historiens. — Il convient d'ajouter que, non loin de là, le bourg de *Saint-Péravy-la-Colombe*[1] et le hameau voisin de *Coulemelle*, qui en dépend, revendiquent aussi cette prétention, avec un caractère de plausibilité qu'accentue même la faible distance qui les sépare du puits de Saint-Sigismond, dont Coulmiers se trouve éloigné de plus de 5 kilomètres.

Enfin, nous l'avons dit déjà, toute cette partie du territoire beauceron, ravagée par les Anglais, fut témoin de leur fuite précipitée quand, après la délivrance d'Orléans, chassés par Jeanne d'Arc des villes du bord de la Loire, Jargeau, Meung et Beaugency, ils furent complètement défaits à Patay, le 18 juin 1429.

Pour le stratège, qui examine la région au point de vue militaire, les plaines de la Beauce sont favorables surtout à

1. Du latin *columba*, forme altérée de *columna*, colonne (Littré).

l'utilisation de l'artillerie, dont le tir peut y être effectué aux plus longues distances, et à l'emploi de la cavalerie, dont le service d'exploration peut s'y accomplir facilement, bien que ses escadrons y trouvent peu d'accidents de terrain ou de parties boisées comme lieux d'abri et de sécurité. L'infanterie, dans la défensive, peut s'appuyer aux villages et aux fermes, aux murs des clos ou des parcs qu'elle rencontre sur son parcours; mais, dans l'attaque, son rôle devient périlleux, car les feux de l'ennemi, à travers de grands espaces que rien ne protège, peuvent exercer des ravages meurtriers dans ses lignes de tirailleurs.

Pour l'observateur, qui a pu suivre sur ce sol découvert les évolutions des troupes en présence, jamais théâtre d'opérations de guerre n'offrit un pareil horizon; et d'un point élevé comme Baccon, le spectacle était grandiose, la manœuvre superbe, de ces milliers d'hommes, fantassins, cavaliers et artilleurs, jeunes soldats non encore aguerris de l'armée de la Loire, qui se déployaient à perte de vue dans l'immensité de la plaine, avançant avec ordre, le cœur chaud d'ardeur patriotique, et qui allaient — tels autrefois les guerriers d'Aétius dans les Champs Catalauniques, — sinon délivrer la France d'une nouvelle invasion des Barbares, du moins sauver l'honneur de nos armes par une victoire incontestée....

VIII

LES ALLEMANDS EN BEAUCE

Bien que le préfet du Loiret eût fait annoncer le 30 septembre, par les journaux locaux, que le territoire du département n'était envahi par aucun soldat allemand, le 1ᵉʳ octobre, à sept heures du matin, 13 uhlans apparaissaient tout à coup, au grand étonnement des habitants, sur la place publique de Baccon.

C'étaient des gaillards de haute taille, de vingt à trente ans, montés sur des chevaux vigoureux. Ils faisaient partie d'un détachement arrivé le jour précédent à Saint-Péravy-la-Colombe, et suivant le chemin *des Bœufs*, cette ancienne voie romaine dont nous avons parlé, indiquée sur les cartes rigoureusement exactes qu'ils possédaient, ils avaient fait irruption dans le village, le pistolet au poing.

Dans un français presque correct, l'un d'eux s'informa de la route qui conduisait à Meung. Il est à remarquer, d'ailleurs, que dans tout peloton en reconnaissance, se trouvait au moins un Allemand qui comme espion, les années précédentes, avait parcouru la région explorée, vendant de la toile, des chromolithographies ou des jouets de Nuremberg, et qui parlait couramment notre langue. Celui-là, quelquefois même, interpellait par son nom le paysan qu'il rencontrait et lui rappelait la « bonne affaire » traitée ensemble lors de son passage dans le pays.

Continuant leur exploration vers les bords de la Loire, ces soldats s'éloignèrent. Mais de distance en distance, un planton s'immobilisait sur le chemin, l'œil au guet, prêt à donner le signal en cas d'alerte ; sur les hauteurs de la Touanne, un trompette, descendu de cheval, sondait de tous côtés l'horizon, et la petite troupe, en arrivant à Meung, vers neuf heures, était réduite à trois cavaliers seulement. L'un d'eux alors, hâtivement, s'empare d'une scie dans un chantier voisin, et va couper sur la voie ferrée le troisième poteau télégraphique entre Meung et Beaugency.

L'excursion avait donc pour but à la fois de reconnaître si les troupes françaises gardaient la rive droite du fleuve et d'interrompre les communications entre Orléans et Tours, siège de la délégation du Gouvernement de la Défense nationale.

DE MOLTKE

(Cliché Lœscher et Petsch à Berlin).

Ce trait d'audace accompli, les uhlans firent volte-face, relevèrent les vedettes laissées le long de la route et, sans être inquiétés, rejoignirent leur détachement, cantonné à plus de vingt kilomètres de là.

L'apparition de ces cavaliers ennemis jeta le trouble et l'anxiété dans la région ; les habitants se hâtèrent, à partir de ce moment, de cacher dans les caves ou de murer dans les endroits les plus dissimulés de leur maison, du linge, des vêtements, du grain, des objets de valeur, des souvenirs de famille. Le malaise général s'accentuait de la rareté des nouvelles ou des bruits erronés qui circulaient. On ne travaillait guère, et cependant le temps était venu de battre le blé et d'emblaver ; mais les domestiques, plutôt que de se livrer aux occupations agricoles, préféraient attendre les événements.

La présence de l'ennemi dans leurs paisibles villages eut pour conséquence encore d'aviver chez les Beaucerons la haine qu'ils avaient au cœur et de les animer d'une ardeur belliqueuse qu'on ne leur connaissait pas. Des patriotes déterminés s'indignèrent de voir une douzaine d'hommes terroriser la population de toute une contrée ; ils se dirent qu'il était possible de leur résister et de les anéantir si le fait se renouvelait, et d'une maison à l'autre le mot d'ordre fut donné de préparer les armes qu'avaient reçues les gardes nationaux, de charger à balle les fusils de chasse et d'accourir en nombre pour attaquer les éclaireurs allemands, s'ils se montraient en groupe isolé.

Cela ne tarda guère. Le lundi 10 octobre, à l'heure même où s'engageait le combat d'Artenay, prélude de cette défense d'Orléans qui devait être, le lendemain, si héroïque à la fois et si sanglante, quatre-vingts uhlans, venant de la direction de Coulmiers, émergeaient du brouillard, assez intense dans la matinée, et passaient la Mauve au gué du Héron, vieux moulin dont les ruines inébranlables ressemblent à celles d'un fortin démantelé. Ils traversaient ensuite, à peu près en ligne droite, la plaine qui s'étend du hameau de la Rivière au château de la Touanne, et de là se continue vers Meung.

C'était jour de foire en cette ville ; mais les préoccupations du moment retenaient les villageois dans leurs demeures et peu de monde avait osé se mettre en chemin. Des cultivateurs d'Epieds et de Charsonville s'étaient empressés de rétrograder vers leurs fermes, en apprenant à Baccon le passage des uhlans. Ceux-ci, qui avaient pour mission de couper les fils télégraphiques, afin que la délégation de Tours ne fût pas avisée en temps opportun des combats dont les environs d'Orléans allaient être le théâtre, ne réussirent pas dans leur tentative. En approchant de l'avenue de l'Évêque[1] ou du Château, ils avaient aperçu les gardes nationaux de Meung qui s'exerçaient aux armes, et ne se jugeant point assez nombreux pour résister à une attaque inévitable, ils revinrent précipitamment sur leurs pas. Un pauvre garde mobile, en convalescence dans sa famille, au Bardon, s'étant montré devant eux revêtu de son uniforme, ils le firent prisonnier, sans souci de sa situation de non combattant, et le forcèrent brutalement à les suivre. Quatre-vingts cavaliers capturant un soldat malade et

---

1. Ainsi nommée, parce que le château de Meung fut jadis la résidence des évêques d'Orléans.

La Loire à Orléans

désarmé, au mépris du droit des gens, c'est un exploit vraiment dont pouvaient être fiers les éclaireurs prussiens !

Informés de la reconnaissance poussée par les uhlans jusque sous les murs de Meung, les gardes nationaux d'Huisseau, dont plusieurs étaient d'habiles tireurs, viennent les attendre dans le lit de la Mauve où derrière les haies, bien décidés à les assaillir au retour. Dès que paraît la colonne, précédée à une centaine de mètres d'une avant-garde de cinq ou six hommes et suivie à égale distance par un même nombre de cavaliers entourant le prisonnier du Bardon, elle est accueillie, en effet, par une fusillade des plus nourries. Deux ou trois hommes sont blessés, un uhlan est démonté ; le cheval, atteint au poitrail, tombe raide mort et le cavalier, cerné, est obligé de se rendre. Devant cette attaque imprévue, le gros du détachement s'arrête, tient conseil et se voit dans une situation critique, car, du bourg de Baccon, les gardes nationaux armés s'avancent à leur tour avec des intentions hostiles. Pour échapper aux feux croisés des assaillants, il ne reste au peloton que la ressource d'une fuite précipitée, vers Coulmiers, au galop le plus rapide des montures. Mais ce n'est pas sans essuyer de nouveaux coups de fusil que disparaissent les uhlans : on tire sur eux au gué du Héron et des balles sifflent encore à leurs oreilles en avant du village de Hauton, où les attendent sur un monticule dominant la route, à l'abri du parc de Luz, M. Colombier et les hommes de la Renardière, dissimulés au milieu des broussailles qui couvrent les ruines d'une ancienne construction féodale [1].

Les gardes nationaux restent maîtres du terrain, fiers d'emmener à Huisseau, où il est enfermé au corps de garde, le uhlan qu'ils ont fait prisonnier et qu'ils font conduire le lendemain vers Orléans. Mais les hommes chargés de l'accompagner apprennent en chemin que cette ville, malgré l'héroïsme de nos soldats, est déjà peut-être au pouvoir des Allemands,

---

1. Quelques jours après, le 16 octobre, les officiers d'état-major du général von Stolberg, réunis en conseil de guerre, au château d'Huisseau, accusaient les francs-tireurs de leur avoir, en cette rencontre, tué un officier, blessé 19 hommes, fait un prisonnier et abattu 2 chevaux.

et c'est à Meung qu'ils vont remettre le captif aux mains de l'autorité locale.

L'acte patriotique accompli par ces braves gens était imprudent peut-être, car les Prussiens, on le savait, ne manquaient pas de rendre les populations responsables des attaques de ce genre et d'user de représailles en incendiant châteaux, fermes et villages. — Et cependant, si cette guerre de partisans s'était généralisée, si des bords du Rhin aux rives de la Loire, l'ennemi avait vu se dresser devant lui le paysan français, un fusil à la main et du plomb dans la gibecière, n'est-il pas à croire qu'il se fût montré moins audacieux dans ses explorations et que l'état-major allemand eût été plus difficilement renseigné?

M. Colombier, le châtelain de la Renardière, homme généreux, désintéressé, patriote et brave, avait été le principal organisateur de l'attaque. Craignant d'être arrêté comme otage, il abandonna sa demeure où il était seul alors avec son jardinier et son cocher : car, dès l'investissement de Paris, sa femme, emmenant les enfants, avait prêté le concours le plus dévoué au service d'une ambulance installée à Orléans, rue de Gourville. Dans une voiture chargée de quelques malles et attelée de *Fatma*, jument arabe qu'il prisait particulièrement, M. Colombier partit de la Renardière le 14 octobre, se dirigeant vers Tours, pour s'engager dans les zouaves pontificaux, tout heureux de trouver, à son passage, un déjeuner réconfortant à l'école de Baccon. Après le 9 novembre, équipé et armé, ayant pour monture sa cavale de prédilection, on le voyait à Charsonville, enrégimenté dans le corps du colonel de Charette : il se rendait à Patay et il allait être au nombre des vaincus héroïques de Loigny.

M. le comte Roger de la Touanne, le représentant d'une noble famille dans laquelle sont de tradition l'amour de la France, le courage et l'honneur, s'était efforcé lui-même, dans la matinée du 10 octobre, de faire entendre la voix de la raison aux gardes nationaux réunis à Baccon, qui s'exposaient, pleins d'inexpérience, à tirer sur leurs camarades d'Huisseau et à faire d'autres victimes que les Allemands. Ses recommandations n'ayant pas prévalu, il s'était mis résolûment à la tête de la petite troupe. L'instituteur, M. Hardy, quoique très inhabile à manier une arme, marchait aussi avec les combattants, portant d'une main un fusil d'ancien modèle, de l'autre un seau à pompe rempli de cartouches, qu'il distribuait aux tireurs au fur et à mesure de l'épuisement des munitions.

Pendant la fusillade, les habitants du bourg non armés avaient barricadé les rues à l'aide de charrettes et de guimbardes pour faire obstacle aux charges de la cavalerie.

Cette mise en défense par la garde nationale d'un village isolé ne pouvait assurément être couronnée de succès, bien que la situation stratégique du lieu, sur un mamelon qui s'élève au-dessus des plaines environnantes à 129 mètres d'altitude, se prêtât à un plan de résistance que les Allemands utiliseront eux-mêmes le 9 novembre. Elle prouve au moins que les habitants de la région s'étaient fait une idée très haute de leur qualité de « gardes nationaux » et ne se considéraient pas comme un corps de formation purement platonique.

Je sais bien que l'institution n'inspirait aucune confiance, qu'on en glosait dans les cercles militaires, et nous entendrons plus tard à l'Assemblée nationale, le 14 juin 1871, le général Trochu en médire avec une pointe d'ironie : « Il y avait dans les esprits, dira-t-il, une véritable exagération de la valeur, des facultés, de l'importance de la garde nationale. Mon Dieu, vous avez vu le képi de M. Victor Hugo qui symbolisait cette situation ! »

Malgré tout, la conduite de ces Beaucerons qui ne craignent pas, pour défendre leur clocher, d'affronter la colère du vainqueur, n'est-elle pas digne de notre admiration? On ne doit pas plus sourire du « képi de M. Victor Hugo » que du « seau plein de cartouches » de l'instituteur de Baccon : cela porte un nom dans notre langue française et s'appelle simplement le *vrai patriotisme*.

IX

LE PILLAGE DE BACCON

Le général von der Tann, aussitôt qu'Orléans fut en son pouvoir, envoya des troupes dans toutes les communes d'alentour, à quinze ou vingt kilomètres de la ville. C'est ainsi qu'un général commandant les avant-postes vint s'installer dès le lendemain à Coulmiers, et qu'un autre, le général-major von Colomb, prit possession du château de la Renardière le 17 octobre.

A Baccon, les Prussiens font leur réapparition le 15. Une centaine de uhlans, que commande un lieutenant imberbe, arrivent ce jour-là sur la place et se disposent à réquisitionner, pendant que des cavaliers en vedette entourent le bourg et exercent une surveillance particulière du côté de l'ouest.

L'instituteur, à qui s'adresse l'officier, lui présente une supplique préparée d'avance en un allemand incorrect, mais pourtant compréhensible : la commune, y était-il écrit, a été ravagée, le 25 mai précédent, par un violent orage ; — la grêle a détruit une grande partie des céréales, — une longue sécheresse a suivi, préjudiciable au développement des plantes ; — la récolte a été suffisante à peine pour les besoins de la localité, et les habitants, dépourvus de ressources, ne peuvent qu'être dispensés des réquisitions de guerre. Le chef lit la requête d'un air incrédule et n'en tient aucun compte. Sur un ordre qu'il donne, ses hommes, au contraire, mettent pied à terre et se ruent, en coup de vent, dans les auberges, les débits de vin, les épiceries, qui sont, en quelques instants, pillés et saccagés; d'autres envahissent les maisons particulières et s'emparent de tout ce qui leur tombe sous la main, provisions, linge, effets, argenterie. Un maréchal des logis, géant de près de deux mètres, paraît s'attendrir un moment en voyant à l'école

GÉNÉRAL TROCHU

(Cliché Camus).

le petit garçon de l'instituteur, bébé de quatre ans, qui s'effraie et qui pleure; il se rappelle qu'il a des enfants, lui aussi, et ce souvenir calme soudain l'intensité de son emportement. Mais l'émotion n'est que passagère : tout à l'heure, il laissera libre cours à sa fureur et à sa brutalité.

Un incident malheureux vient aggraver, en effet, la situation des habitants de Baccon. Ici, comme dans toutes les communes de quelque importance, on avait tenté, dès le mois d'août, d'organiser la garde nationale; des réunions eurent lieu sur convocation de l'autorité préfectorale, des chefs furent élus, des instructeurs furent chargés, le dimanche, d'exercer les hommes aux manœuvres les plus élémentaires, et en septembre des armes furent mises à la disposition de la compagnie. Deux caisses, contenant chacune vingt-quatre fusils, avaient été envoyées du Mont-Valérien par le service de l'artillerie : l'une fut démontée, mais on se contenta d'enfouir l'autre, avec l'étiquette d'origine encore adhérente, dans une carrière à terre blanche située près de la ferme de Moque-souris, attenant au bourg. La sentinelle de garde à cet endroit, ayant sondé de sa lance la terre fraîchement remuée, découvre la caisse, en détache l'étiquette et s'empresse de porter à son lieutenant ce carton révélateur. Le maire, M. Pinsard, amené à l'école, est invité de façon comminatoire à fournir des explications, et le quartier-mestre de haute taille dont j'ai parlé exige, sans réplique, que l'instituteur lui remette séance tenante les armes dont l'envoi a été effectué. M. Hardy se voit contraint de lui livrer une douzaine de fusils, rendus à l'approche de l'ennemi par des gardes nationaux d'humeur craintive, et qui ont été déposés dans le grenier de la mairie. Mais ce nombre ne satisfait pas le maréchal des logis; il lui faut la totalité des armes, avec lesquelles, scande-t-il péniblement, « on a tiré sur les troupes allemandes», et il ne veut rien croire de la réponse qui lui est faite que, confiées aux pompiers de la commune, elles n'ont servi qu'à leurs exercices ordinaires.. Puis tout à coup, introduisant le doigt dans un canon de fusil et l'en retirant noir de poudre : « Menteur ! » s'écrie-t-il avec rage. Et frappant l'instituteur à coups de poing, il le traîne dans la cour de l'école où, pendant un quart d'heure, il le maltraite odieusement. Le lieutenant qui survient alors aide son sous-

TROMPETTE DE UHLANS

(D'après une esquisse de Detaille).

officier, et, comme **M.** Hardy persiste, en dépit de leurs brutalités, à ne point divulguer l'endroit où se trouvent les cartouches, qu'il a cachées dans la charpente des préaux, ils lui appliquent, furieux, sur les tempes, l'un son pistolet d'arçon, l'autre son revolver. Et pendant qu'il subit ce supplice ignominieux, d'autres soldats fracturent ses meubles, vident ses tiroirs et lui volent une médaille honorifique et un portefeuille contenant des valeurs.

Mais la fureur des uhlans n'est point encore assouvie. La figure couverte d'ecchymoses, la tête nue, les vêtements déchirés, l'instituteur est conduit sur la place publique et gardé par une trentaine de cavaliers, qui l'entourent, sabre au clair, et lui caressent le cou de leur lame d'acier, prenant plaisir à ajouter ainsi la souffrance morale aux tortures physiques qu'ils lui font endurer. Pour le garantir de la pluie qui tombe, un marchand de la localité lui apporte une casquette, mais il est repoussé avec ces deux mots d'une ironique cruauté : « Inutile, — *caput!* » Le malheureux maître fait pitié ; il envisage la mort avec sang-froid, mais s'il doit être emmené prisonnier, il voudrait au moins des souliers solides, car les chaussures légères du matin qu'il a aux pieds ne lui permettent pas un long trajet : sa juste réclamation n'est même pas écoutée.

Les autres soldats se livrent, pendant cette scène, à un nouveau pillage des maisons du bourg ; ils détruisent ou emportent ce qui a échappé, quelques heures auparavant, à la première investigation. Ils font couler à flots le vin dans les auberges, boivent avidement jusqu'à l'ivresse, et deviennent en perdant la raison plus farouches et plus cruels encore. Toutes les personnes qui font mine de leur opposer quelque résistance sont outrageusement frappées. Le maire n'est pas exempt de leurs mauvais traitements et son adjoint, M. Budon, qui cherche, lui, à se défendre, est accablé de coups. Les femmes, épouvantées, se réfugient dans les greniers, avec les enfants épeurés et tremblants. Tout le village est terrorisé.

Cependant, Mme Hardy, qui vient d'apprendre que son mari est aux mains des uhlans, accourt sur la place, tenant sa fillette et son petit garçon, et peut aborder l'officier qui commande le détachement. Elle le supplie en grâce de rendre un père aux deux êtres aimés qui sanglotent devant lui, — car l'instituteur n'est pas chef de francs-tireurs ; il est le gardien seulement des armes déposées à la maison communale, que les règlements lui font une obligation d'habiter.

Avant elle, le curé de la commune, M. Le Conte, s'était porté garant devant les Allemands de l'innocence du prisonnier. — « S'il vous faut un otage, leur avait dit ce digne ecclésiastique, je suis prêt à remplacer le père de famille que vous considérez comme coupable et qui est l'homme le plus paisible que tous ici nous connaissions ! »

M. Roger de la Touanne était lui-même intervenu pour affirmer que Baccon ne comptait pas de francs-tireurs, criant aux uhlans qui menaçaient, après les avoir saccagées, de réduire en cendres toutes les maisons : « Brûlez mon château, si vous voulez, mais n'incendiez pas le village ! »

Le lieutenant, qui est resté insensible aux instances du prêtre et du châtelain, se laisse attendrir enfin par les supplications de la femme et les cris des deux enfants éplorés. Il affirme à Mme Hardy que son mari recouvrera la liberté après réquisitions faites, c'est-à-dire quand le pillage sera terminé ; et cette promesse, il la tiendra tout à l'heure, malgré les conseils inhumains de son quartier-mestre, qui veut fusiller le captif sans jugement, pour venger les Allemands des coups de feu tirés sur eux cinq jours auparavant, et jeter l'effroi, fût-ce au prix d'un crime horrible, dans la région où ils vont établir leurs avant-postes.

Après le départ des uhlans, chacun remit un peu d'ordre dans sa maison. Mais que d'objets avaient disparu et combien étaient brisés ! L'instituteur fit conduire à Meung sa famille qu'il avait l'intention de rejoindre le lendemain. Bien qu'en piteux état et pris d'un accès de fièvre violent déterminé par les émotions du jour, il passa la nuit à entasser dans sa cave, dont il dissimula la porte par une armoire, ce qu'il avait intérêt à soustraire encore à la rapacité de l'ennemi.

Le matin, vers neuf heures, un paquet de vêtements à la main, il quitta l'école. Mais à peine en avait-il fermé les portes que le galop précipité de plusieurs chevaux le fit se blottir prudemment sous le toit d'un bâtiment voisin. Cinq cavaliers viennent pour l'arrêter : le jeune chef de la veille a été blâmé de son indulgence sans doute, et le général installé à Coulmiers, au château de M. de Villebonne, veut avoir pour otage, dans un but d'intimidation, le dépositaire des armes trouvées à Baccon.

Les soldats, voyant la maison close, se mettent à faire le siège de l'école, armés de gros marteaux dont ils se sont emparés chez les charrons du bourg, et pendant une heure l'immeuble communal est livré de nouveau à leur vandalisme. La porte principale, résistante et de serrure solide, est réduite en morceaux; à l'intérieur, ce qui restait debout est renversé et mutilé ; la cave est découverte et dévalisée. Peu soucieux d'ailleurs de cacher leurs instincts pillards, les sujets du roi de Prusse pratiquent au grand jour le vol à main armée : ils font avancer un tombereau qui sert à leurs réquisitions, et sous les yeux des habitants du village, impuissants à s'y opposer, ils le remplissent de linge, de vêtements, de couvertures, de provisions alimentaires.

L'instituteur, dans la journée, peut enfin, en suivant des chemins détournés, se rendre à Meung, où 25 Prussiens étaient entrés sans coup férir le 12 octobre. Le lendemain, 7 à 800 hommes avaient pris possession de la ville, et le 14, une de leurs sentinelles tuait le secrétaire de la mairie, M. Bénard. Cet agent municipal, accompagné du fils du maire, était en course le soir, à dix heures, pour les besoins de son service, lorsque passant près d'un poste il fut atteint d'une balle en pleine figure. Il ne s'était pas, il est vrai, muni d'une lanterne, et l'ennemi exigeait que les habitants ne sortissent pas la nuit sans lumière. Puis l'enquête démontra que la sentinelle avait lancé par trois fois son « *Werda!* », sans qu'il y fût répondu. Mais comment le malheureux, qui ne savait pas un mot d'allemand, eût-il pu comprendre le cri du factionnaire et faire entendre que son approche n'avait rien d'hostile?

Des prisonniers civils amenés de Baule annonçaient un autre fait odieux. Le maire de cette commune, M. Olivier, pour s'être montré récalcitrant aux injonctions prussiennes, avait été cruellement maltraité, puis attaché à un arbre, en face de sa propre maison qui fut enduite de pétrole et livrée aux flammes. — Et les Allemands, peuple civilisé, avaient goûté cette ingéniosité barbare de faire assister le brave homme, garrotté des pieds à la tête, au spectacle de sa demeure s'effondrant avec ses plus chers souvenirs sous la crépitation sinistre de l'incendie....

X

LE GÉNÉRAL VON COLOMB
AU CHÂTEAU DE LA RENARDIÈRE

LE général-major von Colomb commandait la 3ᵉ brigade de la 2ᵉ division de cavalerie[1] du 1ᵉʳ corps d'armée bavarois, brigade formée du 1ᵉʳ régiment de cuirassiers et du 2ᵉ uhlans de Silésie.

Quand, au commencement d'octobre, on parla de concentration de nouvelles forces sur la Loire et de la création d'un 15ᵉ corps, le grand état-major allemand tout d'abord n'y crut guère. « Ces nouvelles formations ne pouvaient être viables », écrivait le général von Colomb, répétant ce qu'il entendait dire dans l'armée.

D'après lui, d'ailleurs, « le nerf vital de la défense nationale eût été tranché », si les Allemands, profitant de leurs succès des 10 et 11 octobre et achevant la destruction des troupes battues devant Orléans, avaient pu s'emparer de Vierzon et de Bourges. La difficulté des relations qui en serait résultée entre l'est et l'ouest de la France eût certainement avancé de beaucoup la fin de la guerre.

Mais le général von der Tann, avec son faible corps de

---

1. La 2ᵉ division de cavalerie (général-lieutenant comte zu Stolberg-Wernigerode) était composée de la 3ᵉ brigade (général von Colomb), de la 4ᵉ (général baron von Barnekow), et de la 5ᵉ (général von Baumbach). Elle comptait 24 escadrons et disposait de 12 pièces.

21 000 hommes d'infanterie, réduit à 19 000 déjà par les engagements des jours précédents, avait dû renoncer, en dépit des ordres de de Moltke, à tenter vers le sud cette marche de 100 kilomètres, qui l'eût isolé complètement de toute armée de secours.

Il prit donc la responsabilité de se cantonner dans Orléans et d'en faire occuper les environs dans un rayon de quatre à cinq lieues.

GUILLAUME Ier

(Cliché Luescher et Petsch à Berlin).

Le général von Colomb, envoyé à la Renardière, s'y présenta, je l'ai dit, le 17 octobre. Ses cuirassiers n'eurent rien de plus pressé, comme toujours, que de proférer des menaces de mort contre les habitants du village, qui avaient eu l'audace de faire le coup de feu sur un de leurs détachements en reconnaissance.

Mais ils avaient besoin du château, et ils s'y installèrent, le général dans la deuxième chambre de l'aile droite, au premier étage, ses officiers, au nombre d'une dizaine, dans les autres pièces que le grade de chacun leur permit de choisir. Une vingtaine de cavaliers, logés avec leurs montures dans les communs, formaient la garde du chef de la brigade; les autres hommes étaient répartis dans les maisons du village.

Le général von Colomb, âgé de cinquante-cinq ans environ, était de taille moyenne, plutôt petite pour le service de la cavalerie. Très soigneux de sa personne, il apparaissait toujours fraîchement rasé, ne portant que la moustache, toute grisonnante; ses cheveux, coupés courts, étaient presque blancs. L'expression de sa physionomie semblait dure et peu sympathique au premier abord. Son caractère pourtant se teintait d'une nuance d'affabilité lorsqu'il s'adressait à des Français. Envers ses hommes, il se montrait d'une excessive sévérité, ne s'emportant pas, mais exigeant des officiers, sans les malmener, l'accomplissement du devoir dans toute sa rigueur. Notre langue lui était peu familière; il cherchait parfois, dans un moment de bonne humeur, à encourager les gens de service du château, mais il ne trouvait que ces mots, articulés difficilement : « Travaillez bien, vous serez récompensés ! »

Il menait le genre de vie d'un philosophe ou d'un rêveur, plutôt que celui d'un homme de guerre. Il ne quittait le château que rarement, lorsque les ordres du chef de sa division, le général-lieutenant von Stolberg, l'appelaient au quartier général, à Huisseau-sur-Mauves. Il ne se promenait, dans le parc même, que de temps à autre, quelquefois avec l'un de ses officiers, le plus souvent seul, fumant distraitement un havane, l'esprit préoccupé de pensées qu'il notait sur un carnet de poche. Jamais l'idée ne lui vint de faire un tour en barque sur l'étang; et quand il rentrait, sa porte était consignée expressément à tout visiteur importun.

Le général se faisait servir à la française, à midi et à six heures du soir, recevant à sa table son aide de camp et ses officiers d'ordonnance. Il mangeait très sobrement et ne touchait guère qu'aux plats de viande, préparés par deux femmes du village et présentés par son domestique, Wilhelm. Le poisson qu'on pêchait abondamment dans l'étang, à la ligne, au filet, et que plus tard même, par la gelée, on attrapait à la main sous la glace brisée, ne constitua jamais un mets bien recherché des Allemands.

Retiré dans sa chambre, le général von Colomb se livrait au travail et à l'étude. Il accumulait des renseignements et se documentait pour la rédaction de son « Journal », qu'il publia après la guerre sous ce titre un peu long : *Aus dem Tagebuche des General-Major von Colomb, Commandeur der 3-Mob.-Kav.-Brigade, während des Feldzugs 1870-1871*.

Entre temps, il s'inspirait des *Commentaires* de Jules César sur la Guerre des Gaules, dont il faisait en quelque sorte son livre de chevet. Le grand guerrier romain avait opéré jadis dans ces plaines de Beauce que foulaient les armées d'outre-Rhin, et le général allemand cherchait à s'assimiler, pour son œuvre propre, le style simple, rapide et clair de l'écrivain de l'antiquité, la netteté et la précision avec lesquelles le célèbre conquérant avait su décrire l'aspect des lieux, les mœurs des peuples, le caractère et les causes des événements.

En France d'ailleurs, la plupart des officiers allemands, d'esprit lourd dans leur pays, s'ingéniaient à se donner les apparences de savants et de lettrés, d'investigateurs en quête de découvertes archaïques, de critiques experts des beautés de la plume ou du pinceau.

Lorsque, raconte quelque part M. Jules Claretie, von der Tann occupa Orléans, il vint à la bibliothèque de la ville prier le distingué bibliothécaire, Jules Loiseleur[1], de lui remettre les Chansons de Béranger. — « On doit vous les demander souvent », dit-il. Et comme on lui répond que Béranger n'est plus à la mode, l'Allemand s'étonne. Il lui semble que les refrains du « bonhomme », qui enseignent si simplement le patriotisme et le devoir, devraient être encore sur toutes les lèvres. Il veut au moins, lui, le fils d'un soldat de l'Empereur, les relire sur la terre française, ces vieux chants qui ont bercé son enfance. — On ne saurait assurément faire un reproche au général bavarois du souvenir élogieux accordé à notre chansonnier populaire. Mais sa démarche pourtant ne révèle-t-elle pas de la pose et de l'affectation, le désir évident de produire quelque effet?

Telle encore la pédanterie de ces deux autres officiers dont parle M. Auguste Boucher dans ses *Récits de l'invasion*[2], qui volent les œuvres d'Horace à un professeur du lycée d'Orléans et qui laissent à la place, dans sa bibliothèque, un billet pesamment narquois, où ils s'excusent du larcin, mais s'en réjouissent aussi par le plaisir que va leur procurer dans la solitude la lecture de ces beaux poèmes.

Les hommes de la brigade von Colomb, cantonnés au village de la Renardière, n'avaient à remplir à ce moment qu'un rôle expectant; le service des reconnaissances et des explorations n'en réclamait chaque jour qu'un nombre restreint; les autres, inactifs et désœuvrés, encombraient avec leurs chevaux, maisons, granges et étables. Bien que toujours enclins à la violence et à la brutalité, ils se montraient à l'égard des

---

1. Littérateur et historien, né à Orléans le 4 octobre 1816, décédé en cette ville le 6 mars 1900.

2. Herluison éditeur, Orléans.

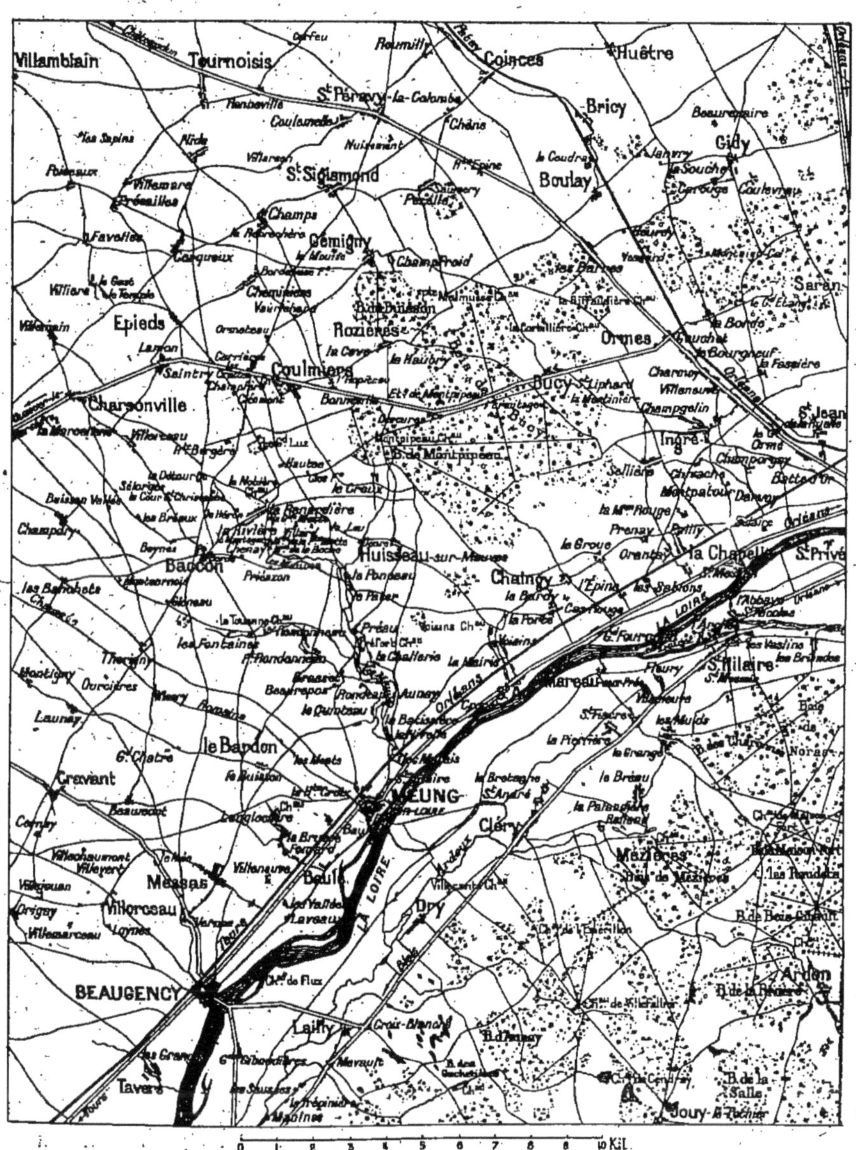

CARTE DES ENVIRONS DE COULMIERS

habitants moins intraitables et moins inhumains au fur et à mesure que se prolongeait leur séjour dans ce poste avancé.

Dandreuil, pour sa part, avait à loger un brigadier et trois hommes, hôtes d'assez bonne composition qui couchaient dans la grange, près de leurs chevaux, et ne manifestaient que des exigences réalisables. Célibataires et sans charges de famille, ils n'en aimaient pas plus pour cela le métier des armes, et leur mimique, à défaut de mots français qu'ils ne connaissaient pas, disait assez combien les exaspérait la durée de la guerre. Mais ils se consolaient en jouant, en buvant et en fumant. Le voisinage du château leur valait des douceurs : du vin en abondance, réquisitionné de tous côtés, — et pour eux quatre la ration quotidienne n'était pas inférieure à dix litres; puis des morceaux de viande de choix, dont ils faisaient méthodiquement et avec patience un hachis menu, qu'ils consommaient cru pour le mieux savourer. Dès que, le soir, les chevaux étaient pansés, le brigadier et ses hommes s'attablaient, pour la nuit entière quelquefois, dans la plus grande pièce de la maison, bourraient leurs longues pipes de porcelaine et engageaient entre eux des parties de cartes sans fin. De quart d'heure en quart d'heure, et à tour de rôle, en commençant par le gradé, un des soldats tirait son couteau, découpait une portion rectangulaire dans le hachis placé sur la table, l'absorbait avec délectation, puis vidait lentement son verre. Le brigadier, sévère, mais encore tolérant lorsqu'il s'agissait du service, n'admettait pas ici le moindre manquement aux conventions arrêtées : si l'un des cavaliers cherchait à devancer son tour ou à donner plus de volume à sa portion de hachis, le manche du couteau de son chef le rappelait à l'ordre en s'abattant vigoureusement sur ses doigts!

Du 17 octobre au 6 novembre, les Allemands occupèrent ainsi la Renardière sans incident notable. Mais le 7, dans la matinée, alors que toute la garnison du château pêche tranquillement dans l'étang, une estafette arrive à bride abattue, et des ordres immédiats font abandonner aussitôt filets et poisson. En quelques minutes les chevaux sont sellés, et la troupe s'éloigne au galop, sans que les cuirassiers et les uhlans eussent la satisfaction de boire le vin chaud préparé pour leur sortie de l'eau.

L'armée de la Loire n'est plus un mythe : on a pris contact avec ses têtes de colonne, près de Marchenoir, à Vallières, et le commandant de la 2e division de cavalerie, général von Stolberg, appelle des renforts. C'est en vain d'ailleurs qu'il met en ligne les hommes de sa 3e brigade : il va être battu et

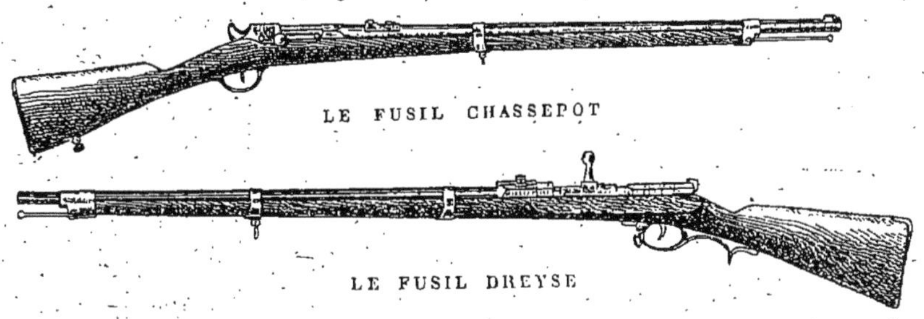

faire des pertes sanglantes, hors de proportion avec son effectif. Il laisse en effet sur le terrain, quand la retraite devient pour lui nécessaire, 13 officiers, 154 cavaliers, et sur les 400 combattants des trois compagnies du 13e bavarois qui ont été engagés, 124 sont pris ou hors de combat. Nous avions à regretter nous-mêmes 4 tués et 35 blessés, parmi lesquels se trouvaient le brave commandant Labrune, du 3e chasseurs, et un autre officier. Mais nos jeunes troupes s'étaient montrées pleines de vigueur et d'élan; le général Chanzy inaugurait son commandement par un succès, qui lui gagna, dit d'Aurelle, la confiance de son corps d'armée.

Le général von Colomb ne pouvait, dans son livre, passer sous silence le combat de Vallières, mais il en a donné un récit manifestement erroné. Comparé même à celui de l'état-major prussien, déjà pourtant dûment arrangé, on y relève de nombreuses inexactitudes, écrites de parti pris, pour atténuer visiblement la responsabilité que, ce jour-là, avait encourue la cavalerie allemande.

Le soir, au château de la Renardière, le dîner est triste.

On touche à peine aux mets, les cœurs sont serrés, les fronts assombris. Des hommes manquent, pris ou disparus, deux officiers sont blessés, un troisième est tué. Son couvert a été mis cependant, car on ignorait cette perte quand la table fut dressée ; le général ne le fait pas enlever : il ordonne à son domestique d'apporter l'épaulette du défunt, et pieusement il la dépose lui-même dans l'assiette qui lui était réservée.

Le 8, les habitants du village apprennent par un des leurs que les éclaireurs français se sont avancés jusqu'à Gléneau, non loin de Baccon. Le général von Colomb les fait prévenir aussi que probablement une bataille s'engagera le lendemain à la Renardière, et qu'ils doivent prendre leurs dispositions personnelles pour en éviter les conséquences.

Le 9 novembre, la 3ᵉ brigade, placée aux avant-postes, allait jouer un rôle important. Dès le matin, vers dix heures, deux batteries à cheval, en position sur les flancs de Baccon, essaient d'arrêter le mouvement de la division Peytavin. Mais elles doivent rapidement battre en retraite sous le feu de deux de nos batteries de 4, portées dans la plaine de Champdry, et de trois batteries de 8 amenées à gauche par le colonel Chappe, qui commande la réserve du 15ᵉ corps.

Repoussées de Baccon, les batteries à cheval se joignent aux nouvelles forces ennemies qui débouchent du bois de Montpipeau et aux deux batteries de la 1ʳᵉ brigade établies au nord du parc de la Renardière. Elles ne peuvent s'y maintenir et se retirent sur Hauton, où elles ouvrent de nouveau le feu sous la protection de la 3ᵉ brigade de cavalerie. Mais une batterie de 12, placée par Chanzy sur le chemin de Saintry au Grand-Luz, inquiète leur tir et ne tarde pas à les faire rétrograder encore dans la direction de Montpipeau.

De recul en recul enfin, la brigade von Colomb se trouva englobée dans le mouvement général de retraite auquel furent contraintes les troupes de von der Tann, avant même que Coulmiers ne fût complètement occupé par nous.

Disons dès maintenant, pour n'y plus revenir, que le 2 décembre, jour de la bataille de Loigny et du combat de Poupry, cette même brigade de cavalerie fit plusieurs charges importantes. Le 27ᵉ de marche, qui s'est là brillamment conduit et qui a perdu 30 officiers, tués ou blessés, dont les chefs des trois bataillons engagés, la refoule une première fois, vers midi, sur Dambron et au nord de Poupry. Mais elle revient à 3 heures, et le général von Colomb fait charger de nouveau six de ses escadrons contre notre infanterie. A l'abri de deux boqueteaux et d'un fossé qui les relie, celle-ci oppose un feu destructeur à l'élan des cuirassiers et des uhlans prussiens, qui refluent, avec de grosses pertes, le long de la lisière du bois. Une heure plus tard, la 3ᵉ brigade tente une dernière charge contre nos troupes, mais sans plus de succès : pour la troisième fois, elle est vigoureusement repoussée.

D'après le général von Colomb lui-même, qui cependant use facilement de l'euphémisme en parlant des siens, sa brigade perdit dans la journée, tués, blessés ou disparus, 5 officiers, 44 cavaliers et 137 chevaux.

On sait que ce général allemand avait un homonyme dans l'armée française, le général de brigade de Colomb, qui commanda la 1ʳᵉ division d'infanterie du 15ᵉ corps. Il arrivait d'Afrique lorsqu'il remplaça, le 2 décembre, le général de Chabron à la tête de cette division, et il atteignit Orléans dans la matinée du 4. Ses troupes, disposées par lui aux abords de la ville, occupèrent Saint-Jean-de-Braye, puis, dans la soirée, le faubourg Bourgogne et Saint-Loup. Le général d'Aurelle comptait beaucoup sur la division Colomb, la moins éprouvée jusque-là, et sur l'énergie du général des Pallières, commandant du 15ᵉ corps, pour sauvegarder Orléans. Mais ce dernier n'avait plus aucune confiance dans ses soldats, et tous les efforts qu'il tenta pour arrêter la déroute de son armée furent inutiles. — « Les hommes n'en peuvent et n'en veulent plus », disait-il. Et devant l'impossibilité de tenir davantage, le général d'Aurelle dut donner l'ordre d'évacuer la ville.

Après des Pallières, du 12 au 21 décembre, le général de Colomb eut le commandement en chef du 15ᵉ corps. Il fut placé ensuite à la tête du 17ᵉ corps dans la 2ᵉ armée de la

Loire, sous les ordres de Chanzy, et il dirigea le centre, les 10 et 11 janvier 1871, à la bataille du Mans.

Le rapprochement de ces deux noms n'est pas sans intérêt. On raconte, en effet, que quatre uhlans du 2ᵉ régiment de Silésie, faits prisonniers dans l'un des combats livrés par Chanzy, lorsqu'il luttait pied à pied contre l'armée du prince Frédéric-Charles, en se retirant de Vendôme sur la Sarthe, furent amenés devant le commandant du 17ᵉ corps, le général de Colomb. L'un d'eux parlait assez couramment le français. — « C'est étonnant, dit-il à l'officier qui les reconduisait après l'entrevue, comme votre général ressemble au nôtre. Comment s'appelle-t-il donc? » — Et les quatre prisonniers, qui appartenaient à la 3ᵉ brigade de la 2ᵉ division de cavalerie du corps bavarois, étaient stupéfaits d'apprendre que le commandant du 17ᵉ corps portait le même nom que leur propre chef, le général-major von Colomb.

Aussi bien, ce dernier, dit-on, était-il d'origine française et les deux généraux ennemis faisaient-ils partie de la même souche généalogique.

XI

OCCUPATION DE BACCON

LE 17 octobre, le bourg de Baccon est doté d'une garnison de chasseurs bavarois, qui se cantonnent dans cinq ou six maisons seulement, les auberges surtout, au nombre de vingt-cinq à trente hommes dans chacune. Ces soldats inaugurent leur occupation par le pillage du château de la Touanne; ils se radoucissent ensuite, mais pour mettre la commune en coupe réglée. De par les ordres du capitaine qui commande la compagnie, la municipalité est invitée à fournir chaque jour 100 kilogr. de pain, 100 kilogr. de viande fraîche ou quatre moutons, 100 litres de vin. Il fallut s'exécuter et le garde champêtre eut à faire livrer tous les matins, par les fermiers de la partie ouest du territoire, les réquisitions exigées. On ne pouvait rien demander à ceux de la Renardière et de la Rivière, qui avaient à leur charge toute la cavalerie de la 3ᵉ brigade.

Ces prélèvements quotidiens sur les ressources du pays n'empêchaient pas les soldats bavarois de commettre force rapines. Les poulaillers et les basses-cours furent vite dégarnis : poules et canards rôtissaient en plein air sous les yeux des ménagères indignées; les porcs, petits ou gros, furent ensuite abattus et dépecés. Les champs de pommes de terre et de navets ne tardèrent pas non plus à être fouillés,

la provision de bois enlevée des hangars ou des cours, et les
caves murées, dont l'entrée était découverte, vidées rapidement des tonneaux de vin qu'elles contenaient. Et jusqu'au
8 novembre, les habitants devaient être ainsi, de la façon la
plus éhontée, rançonnés et volés.

Baccon, perché sur le monticule qui domine de tous côtés
la plaine, constituait pour les Allemands une citadelle avancée qu'ils s'efforçaient de bien garder. Plusieurs postes, établis à Boynes, au Bois-Neuf, à la Touanne, en surveillaient
attentivement les abords, envoyant en grand'garde des sentinelles dans toutes les directions, jusque sur le territoire de
Meung, jusqu'à la Loire même, d'où l'on semblait craindre en
particulier quelque surprise.

De plus, au sommet de la vieille tour du télégraphe aérien,
solidement plantée près de l'église, se tenait jour et nuit un
fantassin, qui scrutait de sa forte lunette toute la région
environnante et signalait le moindre mouvement insolite qu'il
remarquait au loin.

Tout travail était forcément interrompu dans la localité.
On manquait souvent de pain, et quand une famille parvenait
à la dérobée à faire moudre un peu de grain au moulin le
plus proche, elle ne pouvait que nuitamment, et avec d'infi-
nies précautions, transformer la farine en pâte et procéder à
la cuisson : l'ennemi guettait, avide de pain tendre, et malheur aux pauvres gens s'il en percevait les chaudes émanations !

L'instituteur, de retour à son poste, ne fut plus inquiété
pour l'affaire des fusils; sa présence permettait du reste de
régulariser, autant que possible, le service des réquisitions.
Désireux de rentrer en possession des papiers importants
pour lui, mais sans utilité pour les Allemands, que contenait
le portefeuille qu'on lui avait pris, il se rendit un jour à la
Renardière et obtint du général von Colomb un laissez-passer
pour Coulmiers. Le plus grand désordre régnait au château :
les soldats, en quête d'objets cachés, avaient brisé à coups de
pioche les parquets de plusieurs pièces; un commencement
d'incendie, quoique promptement éteint avec la pompe de

Baccon, en avait détérioré d'autres. A la ferme de Cléomont, près de Coulmiers, où M. Hardy voulut se renseigner, tous les locaux étaient déserts : ni gens, ni bétail, mais dans la cour un amas écœurant d'entrailles d'animaux domestiques éventrés. Au château de M. de Villebonne, il put voir le propriétaire, assistant, navré, à la dévastation de son domaine, — puis se prélassant dans le salon et entouré d'officiers, le chef des troupes cantonnées dans la commune. Il va sans dire que ce voyage fut absolument infructueux : on répondit au réclamant que les uhlans incriminés se trouvaient alors à Châteaudun, et qu'ils s'étaient certes peu souciés des valeurs ou des reconnaissances dont ils ne pouvaient tirer parti.

La garnison de Baccon était fréquemment renouvelée. De nouvelles compagnies bavaroises, venant d'Huisseau ou de Saint-Ay, se succédaient dans cet avant-poste tous les trois ou quatre jours. Les capitaines chargés d'occuper la position se montraient d'humeur différente et très variable. L'un d'eux, le baron de Bressendorf, se divulguait fier, hautain, cassant, profondément entiché de son titre de noblesse; un autre, Müller, était un mélomane hargneux, peu sociable, qui passait de longues heures à jouer sur l'harmonium des airs allemands d'une langoureuse monotonie; un troisième, qui portait au visage la cicatrice d'une blessure reçue à Sadowa, affectait les allures d'un troupier accommodant et sans prétention.

Les uns et les autres, quel que fût leur caractère, n'en faisaient pas moins peser un joug odieux sur les habitants, usant à tout moment de l'intimidation, de l'insolence et des menaces pour exiger des réquisitions que le pays, épuisé, ne pouvait plus fournir.

Le 7 novembre, vers dix heures, on remarque une certaine agitation parmi les soldats. Puis bientôt arrive de la direction d'Huisseau une forte colonne d'infanterie et d'artillerie qui défile par les rues du bourg et s'éloigne à travers la plaine du côté de Montournois. Une heure plus tard, vers Saint-Laurent-des-Bois, les premiers coups de canon se font entendre. Ce sont les brigades à cheval du comte de Stolberg, appuyées

de trois compagnies du 13ᵉ bavarois, qui ouvrent le feu
contre les troupes d'avant-garde du 16ᵉ corps, dont le quar-
tier-général est à Marchenoir. Le 3ᵉ bataillon de chasseurs
à pied, aidé des mobiles de Loir-et-Cher, et enlevé avec un
entrain remarquable par son digne chef, le commandant
Labrune, soutient l'attaque. Déjà des fermes brûlent, le

INFANTERIE BAVAROISE

INFANTERIE FRANÇAISE

moulin de Marolles est incendié. Mais tout à coup font
irruption les dragons du général Abdelal qui, dans une charge
irrésistible, se ruent sur l'ennemi jusqu'à Vallières et prennent toute une compagnie bavaroise.

A deux heures, la canonnade redouble et devient effroya-
ble : c'est la brigade Bourdillon qui, apparaissant sur le terrain, met en action sa batterie de 4 et ses mitrailleuses. La
lutte est acharnée, mais les Allemands — je l'ai dit au chapitre
précédent — ont fait des pertes relativement considérables
et sont obligés de battre en retraite.

Le soir, on apprenait à Baccon, avec des transports d'enthousiasme, que le combat de Vallières était un succès pour les troupes françaises. Nos ennemis, en repassant au bourg, cherchaient pourtant à masquer leur défaite : ils chantaient en chœur, mais l'hymne était mélancolique et sans élan triomphal. Peut-être dans des strophes pieuses, les Bavarois,

GRENADIER DE LA GARDE
(France).

CHASSEUR A PIED
(Allemagne).

catholiques fervents, imploraient-ils le dieu des armées pour la grande bataille qui se préparait....

Le 8, à quatre heures du soir, un ordre pressant vient jeter le trouble dans la garnison de Baccon. Les soldats prennent hâtivement leur repas, puis se mettent avec ardeur à créneler, à l'ouest et au sud-ouest, les murs de clôture du village et les bâtiments des fermes de Boynes. Dans le bourg, ils construisent des barricades et obstruent les routes et les chemins qui, de Charsonville, de Montournois, de Meung, aboutissent à la place publique. Les charrettes de culture sont enchevêtrées, garnies en dessous de fagots, et reliées entre elles par des bois de charronnage ou de menuiserie. Puis les Allemands, la menace à la bouche et l'arme au poing, obligent les habitants à démolir eux-mêmes les murs du cimetière, ceux de la ferme de Moquesouris, de cinq

CUIRASSIER
(Allemagne).

CUIRASSIER DE LA GARDE
(France).

ou six autres maisons, et à transporter les pierres aux barricades avec des voitures traînées à force de bras. Les haies des jardins sont sapées par endroits. Rien n'est négligé, en somme, pour que ce point culminant devienne, de plusieurs côtés, une forteresse difficile à prendre et que, de l'autre, vers la Renardière, il offre un chemin de retraite absolument libre.

L'ennemi se rendait compte de la position avantageuse du lieu. Il suffisait à Baccon d'un millier de combattants pour arrêter au début quinze à vingt mille assaillants. En arrière, la vallée des Mauves, de la Renardière à Meung, constituait de plus une ligne naturelle de défense qu'il importait aux Allemands de protéger et de se ménager.

Cependant l'inquiétude était grande dans l'esprit des officiers. A l'instituteur, qui lui demandait la signification de ces préparatifs, un capitaine répondait dans un geste presque

TRAIN DES ÉQUIPAGES
(Allemagne).

ARTILLEUR A CHEVAL
(France).

sphérique embrassant l'est, le sud et l'ouest : « Français ici ! Français là ! Français tout autour ! » — L'état-major prussien savait enfin que, des directions de Gien, de Vierzon et de Blois, l'armée française s'avançait sur Orléans et menaçait de cerner le corps bavarois.

Malgré leurs appréhensions, les Allemands continuaient de rançonner la population locale avec une âpreté de plus en plus violente. Il fallait, du reste, ne rien laisser aux Français, si ce cantonnement devait être abandonné ! Ce jour-là les Bavarois emmenaient vingt-sept vaches des fermes de Vil-

sery, où nos soldats allaient bivouaquer le soir même. Ce dernier vol, il est vrai, ne leur profita pas : les animaux s'échappèrent des mains de leurs conducteurs, s'enfuirent dans les marais de la Grande et de la Petite-Motte, et par les soins des gens de ferme un certain nombre purent être ramenés aux étables.

On ne dormit guère au village en cette nuit de veillée d'armes où le képi rouge de nos jeunes troupiers se trouvait si proche du sombre casque à chenille des fantassins bavarois. Chacun eût voulu savoir quelles dispositions il convenait de prendre pour le lendemain ; mais ceux qu'une légitime curiosité fit sortir de leur demeure se heurtèrent, à tout coin de rue, à des sentinelles vigilantes qui, la baïonnette croisée, leur criaient impérativement : « Retour ! » et les obligeaient à faire volte-face. — Allait-on, le matin, rester dans sa maison ou fuir ? Cette dernière mesure apparaissait comme la plus sage et la plus prudente. Il en coûtait pourtant à quelques-uns de s'éloigner. L'instituteur avait pris la détermination de ne pas quitter son poste, et en prévision d'un incendie possible, il s'occupa pendant la nuit à mettre en lieu de sûreté les registres de l'état civil et les archives les plus importantes de la mairie. Le curé lui-même avait fait descendre dans sa cave des outils, des cordages, des provisions diverses, pour s'y réfugier au début de l'action et se tenir prêt, s'il en était besoin, muni du brassard de l'aumônier, à offrir les secours de son ministère aux mourants et aux blessés.

Mais à l'aube, quand on vit derrière les barricades des soldats armés qui s'excitaient au courage par d'amples libations, pendant que d'autres fouillaient les maisons et en chassaient les hôtes avec ordre de laisser ouvertes les fenêtres et les portes, tous les habitants du bourg se décidèrent à partir, les hommes emportant des couvertures, les mères traînant les enfants, tous s'en allant en cohue vers les Mauves, au moulin de la Roche notamment, qui semblait offrir un abri sûr et où 300 personnes au moins se trouvèrent bientôt réunies.

XII

AVANT LA BATAILLE

Après le 11 octobre, nos troupes s'étaient retirées derrière la Sauldre, en pleine Sologne, où le général d'Aurelle organisa le camp de Salbris[1]. Le choix de la position présentait de sérieux avantages. Orléans était assez éloigné pour que l'ennemi ne tentât pas immédiatement de nous inquiéter. Vierzon et Bourges se trouvaient couverts, et par suite, d'importantes voies ferrées garanties, de grands établissements militaires protégés. Puis, la ligne de défense de la Sauldre, bien orientée de l'est à l'ouest, avec des berges élevées du côté sud, des villages et des bois fournissant d'excellents points d'appui, permettait de résister à une attaque possible dans des conditions particulièrement favorables.

Le pays, en dépit de sa triste célébrité, offrait des ressources. Ce n'était plus d'ailleurs la région déshéritée de jadis, la terre de landes et de bruyères qui, l'été, semblait un désert aride, planté, de-ci de-là, en de rares oasis, d'arbres rabougris, — qui ne montrait aux yeux, l'hiver, qu'un immense marais, une suite d'étangs fangeux aux émanations fiévreuses et malsaines, — où une population clairsemée, chétive et étiolée, élevait quelques maigres troupeaux et vivait péniblement dans des chaumières humides.

1. Voir notamment, pour les détails purement techniques des opérations militaires, l'excellent ouvrage de M. Pierre Lehautcourt, *Campagne de la Loire en 1870-1871 ; Coulmiers et Orléans*, Berger-Levrault, éditeur.

En 1870, les choses ont déjà bien changé; la Sologne est presque complètement régénérée. D'intelligents travaux d'assainissement et de fertilisation ont corrigé son sol argilo-siliceux. Les drainages, les engrais, les amendements, les irrigations, les plantations de pins, l'ont transformé en une terre à demi féconde, où l'on récolte du froment, de l'orge, de belles avoines, où l'on élève de nombreux bestiaux, des moutons surtout renommés pour la délicatesse de leur chair. Dans cette contrée naguère stérile, la civilisation a pénétré, le progrès a, comme partout, étendu ses conquêtes, les chaumines ont fait place à des maisons de briques élégantes et confortables.

GÉNÉRAL D'AURELLE DE PALADINES

Nos jeunes troupes prenaient, dans cette atmosphère, les habitudes de la vie de campagne et devenaient de jour en jour plus confiantes en elles-mêmes. Mais la discipline n'était pas sans laisser à désirer; du reste, la générosité des populations encourageait et provoquait même l'intempérance.

Le général d'Aurelle entreprit de réagir contre cet état de choses et de discipliner ses hommes à la fois par la persuasion et par la sévérité. A tour de rôle, il visitait ses régiments d'infanterie, s'arrêtait devant chacun des bataillons, et adressait à tous, officiers et soldats, des paroles familières, les entretenant des malheurs du pays, faisant appel à leur dévouement patriotique, ne leur cachant pas les sacrifices personnels qu'exigeait l'accomplissement du devoir dans l'œuvre de la défense nationale. Lorsqu'il était nécessaire, il n'hésitait pas non plus à faire appliquer dans toute leur rigueur les prescriptions de la loi martiale. Les troupes devaient fournir un travail régulier; elles étaient astreintes à des exercices fréquents, d'autant plus indispensables que l'instruction militaire se trouvait chez les recrues à peine ébauchée.

Cette énergie et cette persévérance du général ne tardaient pas à porter leurs fruits et à changer bientôt la physionomie de son corps d'armée. — « A mesure qu'ils prenaient place au camp, dit M. de Freycinet, les détachements entraient dans une atmosphère nouvelle dont ils subissaient la salutaire influence. »

L'administration de la guerre, de son côté, s'efforçait de pourvoir les troupes du nécessaire et d'envoyer sur la Sauldre d'incessants renforts. Quand l'armée s'ébranla, son effectif atteignait environ 60 000 hommes.

Le combat de Vallières avait relevé le moral de nos soldats. Sombre et brumeux le 7 novembre, le temps s'était éclairci lorsque le 8, dans la matinée, l'armée se mit en marche pour bivouaquer de Messas à Ouzouer-le-Marché, c'est-à-dire de la Loire à la route du Mans. Aucun incident ne vint troubler l'exécution des ordres donnés. Dans les rangs régnaient la discipline et l'entrain; vieux troupiers et mobiles marchaient allégrement, bien que chargés du poids de leurs munitions et de quatre jours de vivres.

M. DE FREYCINET

(Cliché Piron, Saint-Germain).

Le général d'Aurelle cependant n'était pas sans inquiétude, car l'état défectueux des chemins empêchait l'artillerie et les convois de suivre avec facilité les brigades d'infanterie avançant à travers champs, formées en lignes de colonnes de bataillon et protégées à leur tête par un double rang de tirailleurs, qu'éclairait eux-mêmes un escadron de cavalerie légère attaché à chaque division.

Prévenu de ce mouvement, le commandant de la 2e division de cavalerie bavaroise, comte von Stolberg, avait concentré ses troupes à Baccon et à la Renardière; un bataillon occupait Coulmiers; un autre, avec la brigade de cuirassiers von Tausch, se tenait à Saint-Péravy-la-Colombe. Le reste du corps bavarois s'était cantonné à Huisseau, Chaingy, Saint-Ay, Ormes et Rozières.

Le général von der Tann, malgré l'échec de Vallières dont il n'avait eu connaissance que le 8 au matin, doutait encore de notre offensive prochaine. La cavalerie allemande, dont le service d'explorations était si vanté, ne le renseignait que dans l'après-midi, vers deux heures, sur le mouvement entrepris par nos troupes, alors que déjà des fractions importantes débouchaient en face de ses deux ailes, sur le Bardon et Charsonville.

Orléans, avec ses faubourgs étendus, sa banlieue couverte

de hameaux et de maisons isolées, ne lui paraissant pas être une position topographique favorable à la défense, von der Tann, sans l'évacuer complètement, y laissa, sous les ordres du colonel von Tauffenbach, un régiment d'infanterie, deux escadrons et une section d'artillerie, et quitta la ville à onze heures du soir avec le reste de ses troupes. Il s'établit à Ormes et poussa sur Saint-Péravy le général von Wittich. Les cavaliers de la 4e brigade prussienne, envoyés à Saint-Sigismond, n'y arrivèrent, harassés, qu'à huit heures du matin, après être restés neuf heures en selle.

Le départ avait été lugubre. Mais si le défilé, à travers les rues de la ville, contrastait avec l'entrée triomphale du 11 octobre, il faisait battre de joie le cœur de tous les Orléanais qui sentaient se préparer un grand jour.

La description que nous avons donnée des plaines de la Beauce indique, dans ses lignes principales au moins, quel était le champ de bataille, traversé par deux grandes voies, la route d'Orléans à Châteaudun, et celle d'Orléans au Mans, et couvert sur une longueur de cinq à six kilomètres par les bois de Bucy-Saint-Liphard et de Montpipeau. Les molles ondulations du sol y arrêtent à peine le regard ou la marche, si ce n'est au sud cependant où des villages et des hameaux plus nombreux, des bouquets de bois, des vignes, des vergers, des fermes closes de murs, des châteaux entourés de parcs, multiplient les abris et facilitent la défense.

Puis, en aval de la Rivière et de la Renardière, le lit du ruisseau des Mauves, qui descend vers la Loire, à l'ouest d'Huisseau ; — Baccon, poste avancé, étagé sur son mamelon que domine un assez haut clocher, flanqué lui-même de la vieille tour qui servait d'observatoire aux Bavarois ; — Coulmiers enfin, auquel sa situation sur la route du Mans, en avant des bois de Bucy, donnait une importance particulière.

Au nord, Saint-Péravy ménageait aux Allemands une ligne de retraite, en leur rendant accessible, vers Chevilly et Artenay, la route d'Étampes.

A Baccon, le matin du 9 novembre, l'instituteur avant de fuir eut la curiosité de monter au clocher, d'où l'œil embrassait de tous côtés l'horizon. Sur la place publique, un espion déguisé en soldat français rendait compte de ses investigations à des officiers bavarois. De la lisière des bois de Fontaine et de Gléneau, où se tenait notre première ligne de tirailleurs, des coups de feu partaient déjà, visant les éclaireurs ennemis. Parfois, un cheval atteint se cabrait ou s'abattait, et d'instant en instant un cavalier galopait vers le bourg pour prendre des ordres ou fournir des renseignements.

Au delà des bois, se déployaient les régiments du 15e corps d'armée, et dans la direction de Champdry et d'Ouzouer-le-Marché, ceux du 16e, ayant en face d'eux, vers Selorges et Buisson-Vallée, une partie de la cavalerie et de l'artillerie bavaroises.

Du côté de la Renardière, le spectacle n'était pas moins impressionnant. Des fermes de la Leu et de Villard, suivant la route comme un long cordon sinueux, s'avançaient à grande vitesse des batteries ennemies, dont les lourds canons, en s'alignant près du bourg, faisaient trembler le sol et osciller même sensiblement le clocher de l'église.

Du haut de la tour du télégraphe, la sentinelle de garde transmettait par signes, de minute en minute, le résultat de ses observations.

A la Renardière, les gens du village avaient hésité jusqu'au dernier moment à quitter la place. Mais quand ils virent l'ennemi, refoulé de Baccon, abandonner ses positions, ce fut, au milieu des obus et des balles qui pleuvaient autour d'eux, un sauve-qui-peut général. Deux vieillards seuls, les époux Gilbert, atteints d'une surdité complète, restèrent au hameau, errant par les prés, à travers la mitraille, sans rien entendre, et s'expliquant à peine pourquoi leur maison bombardée et incendiée s'écroulait sous leurs yeux....

XIII

PRISE DE BACCON ET DE LA RENARDIÈRE

LA nuit fut calme ; sur la campagne, enveloppée d'ombre, planait un silence inquiétant et mystérieux. Le général d'Aurelle avait interdit d'allumer aucun feu dans les bivouacs et ses ordres avaient été rigoureusement observés ; les soldats pouvaient s'en passer d'ailleurs, car la température se montrait encore assez clémente. Rien ne révélait donc que là, disséminés dans ces champs, 50 000 hommes préparaient leurs cartouches et se disposaient à prendre l'offensive.

Le 9 novembre, au petit jour, le temps apparut sombre, quelque peu brumeux. Mais quand, à huit heures, les troupes s'ébranlent, le brouillard comme par enchantement se dissipe et la journée promet d'être relativement belle. Depuis plusieurs jours du reste il n'a pas plu, et la terre est assez ferme pour ne pas incommoder la marche, ni la rendre trop fatigante.

Nous avons dit déjà combien était imposant et quelle confiance inspirait l'aspect de cette armée qui s'avance avec le plus grand ordre, comme à une revue, et qui dessine dans l'immensité de la plaine deux lignes d'une longueur presque démesurée.

Les forces ennemies se sont concentrées en grande partie entre Baccon, la Renardière et Coulmiers, sur un espace d'environ 7 kilomètres, mais les deux ailes s'allongent, d'une façon disproportionnée, à gauche jusqu'au château de Préfort, où se porte la 3ᵉ brigade bavaroise, à droite jusqu'à Saint-Péravy, où se tiennent la brigade de cuirassiers du général von Tausch et la 4ᵉ brigade de cavalerie.

Cette répartition, sur une étendue de plus de 15 kilomètres,

PRISE DE BACCON

d'un effectif de 26 000 hommes, prouvait que le général von der Tann n'avait qu'une connaissance très imparfaite de la situation. En se rendant lui-même, dès le matin, d'Ormes à Huisseau, et en prescrivant au colonel von Tauffenbach d'évacuer Orléans et de descendre avec son détachement le long de la Loire, vers Saint-Ay, — en enjoignant de plus au général von Tausch, qui du reste prit sur lui de ne pas exécuter cet ordre, de se porter en avant et de découvrir, par conséquent, la ligne de retraite des Allemands, le général en chef témoignait d'un esprit d'incertitude absolu sur le lieu où s'engagerait l'action principale ; par ces mesures, en effet, il renforçait inutilement sa gauche dans la vallée des Mauves.

Vers neuf heures et demie, le 2ᵉ zouaves s'empare sans difficulté du château de la Touanne, et après l'échange de quelques coups de feu, la brigade Rebillard, qui s'était avancée par le Bardon, laisse tranquillement les Bavarois se retirer de Préfort sans chercher à les inquiéter. — On ne dira jamais assez combien en cette journée le manque d'initiative de nos officiers favorisa la cause de l'ennemi.

A la même heure, la 3ᵉ division d'infanterie, que commande le général Peytavin, débouche de la direction des Banchets et de Montournois, et marche sur Baccon. Deux batteries de 4 établies vers Buisson-Vallée et Champdry — la 18ᵉ du 15ᵉ d'artillerie, capitaine Legras, et la 18ᵉ du 10ᵉ, capitaine Chauliaguet [1] — couvrent ce mouvement, mais leur feu est peu efficace. Le tir de nos artilleurs est mal réglé; les obus passent au-dessus du bourg, qui est l'objectif des pointeurs, et vont se perdre dans la plaine de la Rivière. Plusieurs cependant atteignent le clocher et font vibrer la cloche, qui semble répondre ainsi au salut libérateur de nos canons. Trois nouvelles batteries de 8 de la réserve du 15ᵉ corps, amenées par le colonel Chappe, viennent d'ailleurs rendre plus concluant ce combat d'artillerie, et nos 30 pièces obligent bientôt à la retraite les deux batteries à cheval du comte von Stolberg.

Pendant ce temps, le 33ᵉ régiment de marche, ayant à sa tête le lieutenant-colonel Thiéry, continue de se diriger sur Baccon, suivi du reste de la division, et même des tirailleurs de première ligne du 16ᵉ corps, qu'un faux mouvement de conversion a portés de ce côté.

Nous ne redirons pas quelle forte position constituait le village, avec ses maisons groupées sur un point culminant, ni les importants travaux défensifs qu'y avait faits le 1ᵉʳ bataillon de chasseurs bavarois. Mais l'élan de nos soldats est admirable; ils abordent le bourg avec un entrain irrésistible, et la fusillade terrible à laquelle ils sont exposés,

---

1. Cette dernière batterie est celle qui se comporta si vaillamment au combat d'Orléans, le 11 octobre, où seule, ce jour-là, elle résista aux 152 canons du général von der Tann. — Trois de ses pièces furent capturées par l'ennemi, le 31 décembre, au combat de Danzé, près de la forêt de Fréteval, dans une surprise où fut tué, par un éclat d'obus qui l'atteignit à la gorge, le brave capitaine Chauliaguet.

presque à bout portant, est impuissante à les faire reculer. Chaque barricade devient en quelque sorte un champ clos où l'attaque est impétueuse, la défense énergique. Abrités derrière, les Bavarois luttent désespérément et avec un courage auquel nous devons rendre justice. Pour se frayer un passage dans l'enchevêtrement des voitures, des poutres et des fagots, nos soldats doivent scier ou briser à coups de hache les bois et les limons des charrettes. Une fois dans l'enceinte, ils n'ont pas encore conquis la place : les Allemands espèrent du renfort et ne cèdent que pied à pied le terrain. La bataille s'engage à ce moment corps à corps; dans les rues, dans les maisons, dans les cours, on se frappe d'homme à homme, on se bat avec acharnement. Les chasseurs bavarois, décimés, ne peuvent plus tenir enfin : ils abandonnent le bourg, et par le chemin qu'ils se sont ménagé se replient sur la Rivière, à quinze cents mètres à l'est. En moins d'une heure, nos soldats leur ont enlevé une position qui, sans être inexpugnable, pouvait donner lieu à un long assaut et compromettre par là le succès de la journée.

Mais les renforts attendus par l'ennemi, débouchant du bois de Montpipeau, entrent en scène. Le 2ᵉ bataillon de chasseurs se joint au premier pour défendre à la Rivière la ligne des Mauves, pendant que deux batteries nouvelles, appuyées de deux autres bataillons et réunies aux batteries à cheval repoussées de Baccon, s'établissent au nord de la Renardière.

Les troupes du général Peytavin n'en poursuivent pas moins leur offensive, avec une ardeur que vient accroître le premier résultat qu'elles ont obtenu. Le 6ᵉ bataillon de marche de chasseurs et un bataillon du 16ᵉ de ligne grossissent les rangs du 33ᵉ de marche et se précipitent, sur les pas des chasseurs bavarois, à l'attaque du village de la Rivière. Puis, quatre de nos batteries ont remplacé les canons ennemis sur les flancs de Baccon, et de ce point des plus favorables couvrent d'une pluie d'obus les deux hameaux qu'occupent les Allemands.

La Rivière, qui s'étend de l'ouest à l'est, le long de la rive

droite de la Mauve, entre les ruines du moulin du Héron et la
ferme de la Grande-Motte, est en dépression de 21 mètres sur
l'altitude de Baccon et se prêtait, par conséquent, à un bombardement facile. Sous la protection de l'artillerie, nos bataillons cherchent à envelopper le village et y pénètrent une première fois. Mais un retour offensif de l'ennemi, qui s'abrite
sur la rive gauche du ruisseau dans les excavations assez profondes de carrières à pierre inexploitées, les en déloge et les fait
se replier un moment dans la plaine de la Borde et de Chenay.
Le général d'Aurelle, qui a vu ce mouvement de léger recul,
l'arrête aussitôt d'ailleurs en faisant porter à 500 mètres au
delà du Héron, sur les hauteurs de la Cour-Saint-Christophe,
une batterie de 4 dont le tir inquiète les Bavarois et permet

GÉNÉRAL CHANZY

à nos soldats de s'élancer de nouveau à l'attaque de la Rivière. La maison du jardinier
Fleury est en flammes, les autres sont criblées
d'obus. Les Allemands, cette fois, se voient
contraints d'évacuer rapidement le hameau et
de se retirer sur la Renardière.

De leur côté, les batteries ennemies, mena-
cées par trois de nos bataillons qui ont franchi
la Mauve non loin de sa source, du côté de la
Détourbe, ne peuvent se maintenir dans leurs positions; elles
rétrogradent sur Hauton, qu'elles doivent bientôt abandonner, leur feu se trouvant en partie détourné par les
six pièces de 12 que Chanzy a fait installer entre Saintry et
le Grand-Luz.

Le village et le château de la Renardière offraient aux
Bavarois des moyens défensifs précieux. Les maisons s'ali-
gnent, à gauche des Mauves, sur une longueur de près d'un
kilomètre, et chacune peut devenir un petit fortin pour mettre
obstacle à la traversée du ruisseau, qui se divise là en deux
bras principaux et répand ses eaux par les prés en d'autres
courants minuscules. Le parc est protégé au sud par un saut-
de-loup large et profond, à l'est par un vaste étang, puis
entouré d'un mur haut de deux à trois mètres et de haies vives
précédées d'un fossé; il est continué ensuite par le bois de

la Vallée, en communication avec celui de Montpipeau par la plaine du Haut-de-César et de Clos.

Après la prise de la Rivière, le général Peytavin juge nécessaire un instant d'arrêt pour que ses bataillons puissent reprendre haleine.

Mais bientôt, le 33e de marche toujours en tête, il les pousse sur la Renardière, avec l'appui d'une section d'artillerie établie à quelques centaines de mètres du château. Cette nouvelle action fut chaude encore. Les Bavarois utilisent la disposition favorable des lieux pour résister avec une opiniâtreté grandissante. Sous le choc de nos obus cependant, de larges brèches sont ouvertes dans les murs

LE GÉNÉRAL CHANZY
PARCOURANT LE CHAMP DE BATAILLE

du parc, et le général en profite pour une attaque décisive. Enlevant ses troupes, comme va le faire à Coulmiers, deux heures plus tard, le général Barry, au cri répété de : « En avant! En avant! » il les entraîne à la baïonnette pour s'emparer de la position.

La grille d'entrée, solidement barricadée et garnie de formidables hérissons, arrête pendant une minute l'élan fougueux de nos soldats. Mais les murs, éventrés, sont facilement escaladés, les sauts-de-loups, malgré leur profondeur, sont rapidement franchis, et le pétillement de la fusillade retentit enfin devant la façade même du château, sur la pelouse circulaire qui s'y trouve dessinée. Les Bavarois pourtant se défendent encore; abrités par les bâtiments, dissimulés derrière les gros peupliers suisses qui bordent l'étang, protégés par les charmilles et les massifs du parterre, ils tirent toujours et ne reculent que pas à pas. Il faut les poursuivre à travers le parc, les pourchasser d'un arbre à l'autre, les déloger isolément des fourrés, — et ce n'est qu'à deux heures que, vaincus définitivement, ils battent en retraite dans la direction de Montpipeau.

La Renardière est à nous, et ce glorieux succès vaut au général Peytavin le grade de divisionnaire. Mais pourquoi, comme l'a fait le général Rebillard après l'évacuation de Préfort, comme le feront le général d'Aurelle après l'enlèvement de Coulmiers, le contre-amiral Jauréguiberry après la prise de Champs, et bien plus malheureusement encore le général Reyau avec tous ses régiments de cavalerie, demeure-t-il ensuite dans la position conquise, sans gêner la fuite de l'ennemi, et se borne-t-il à remettre de l'ordre dans les éléments de sa 1re brigade et à faire occuper par sa 2e la ferme du Grand-Luz, où désormais aucun retour offensif des Allemands n'est à craindre? — Le général russe de Woyde, dont nous avons cité l'opinion, aurait-il raison de prétendre que le défaut d'initiative chez les chefs, à tous les degrés de la hiérarchie, a été la cause unique de nos revers en 1870? Il n'est pas douteux, en tout cas, que le 9 novembre, sans l'irrésolution du commandement, l'armée de von der Tann ne pouvait s'échapper et devait subir un irrémédiable désastre.

Dès dix heures, l'aile gauche du corps bavarois, qui occupait la région d'Huisseau, s'était repliée vers le bois de Montpipeau. En prévision d'un échec, et pour que leurs approvisionnements ne tombent pas aux mains des Français, les Allemands en se retirant mettent le feu à la ferme de Villard, où ils ont accumulé des denrées de toutes sortes, que les flammes dévorent avec des crépitations sinistres. Ce système destructeur est d'ailleurs habituel à l'ennemi : à l'approche de nos troupes, une grange de Vilsery, remplie de blé, est incendiée de la même façon ; devant les gens de la ferme qui protestent vainement, les Bavarois tirent des gerbes du tas, les éparpillent sur l'aire, puis cyniquement les font flamber et activent l'embrasement général.

Le moulin de la Roche faillit avoir le même sort. Des cavaliers postés au bois de la Leu y accourent avant de suivre le mouvement de retraite; ils descendent dans les caves où sont réfugiées nombre de personnes des environs, et ils vont accomplir leur criminel projet quand l'alerte d'une sentinelle les oblige à partir au galop. Le temps leur manque, heureusement, pour faire sauter le pont jeté en travers de la Mauve, dont le fond vaseux est très dangereux à cet endroit, — et ce passage va être utilisé, quelques instants plus tard, par un de nos régiments d'infanterie arrivant, le colonel en tête, de la direction de Fontaine.

Quant au village de la Renardière, il est entièrement dévasté. La maison Gilbert seule est brûlée, mais toutes les autres sont fortement endommagées par le duel d'artillerie qui vient de se dérouler. Le parc est saccagé, les obus ont mutilé les grands arbres et troué en mainte place la toiture et la façade du château. C'est partout l'image de la désolation....

XIV

ENLÈVEMENT DE COULMIERS

L E 16ᵉ corps, que commandait le général Chanzy, avait
une double tâche : il devait, à droite, marcher sur Coulmiers et s'en emparer ; à gauche, il était chargé de déborder
l'ennemi et de lui couper sa ligne de retraite. Le général
Reyau disposait, pour ce mouvement tournant, de onze régiments de cavalerie, de trois batteries à cheval et des corps
francs.

Le bourg de Coulmiers est bâti sur un plateau faiblement
accentué que traverse la route du Mans. A l'ouest se trouve
le château de M. de Villebonne, dont le parc, fort vaste, est
bordé de fossés et de haies vives très épaisses ; au sud, la
ferme importante de Cléomont. Vers l'est, de légères pentes
aboutissent aux hameaux des Crottes et de l'Ormeteau, avoi-
sinés de carrières et d'un petit bois. Ici encore, la confor-
mation des lieux favorisait donc l'ennemi en se prêtant à une
défense facile.

La 1ʳᵉ brigade de la division Barry, qui avait reçu l'ordre
d'enlever cette position, s'était tout d'abord éloignée de son
objectif ; de Champdry et de Villorceau, une erreur de direction l'avait, en effet, portée vers Baccon.

C'est à midi seulement que, débouchant dans la plaine de
Saintry, à deux kilomètres et demi de Coulmiers, trois de nos

batteries ouvrent le feu contre les troupes du général Schuma-
cher, commandant la 2ᵉ division bavaroise, et que notre
infanterie commence son mouvement offensif. Le 7ᵉ chasseurs et le 31ᵉ de marche se dirigent sur la ferme de Cléomont; le 22ᵉ mobiles, de la Dordogne, qu'entraîne avec
énergie le commandant de Chadois, s'avance vers les Crottes,
enlève ce hameau et chasse l'ennemi des carrières.

Le parc de Coulmiers, qui constitue le point de résistance
principal des Allemands, est menacé déjà et devient, vers
trois heures, l'objet d'une première attaque. Mais c'est en
vain que nos tirailleurs tentent d'y pénétrer en s'emparant
de la ferme de Cléomont. Plusieurs batteries de la réserve
bavaroise ont été mises en ligne, et leur tir à mitraille,
appuyé par les charges de la 5ᵉ brigade de cavalerie, refoule
le 22ᵉ mobiles qui n'est plus qu'à deux cents mètres de la
lisière du bois, et fait échouer de même une compagnie du
7ᵉ chasseurs.

Notre situation, à ce moment, paraît devenir critique. Le
lieutenant-colonel de Foulongue, qui commande le 31ᵉ de
marche, est mortellement blessé; le commandant de Chadois
est lui-même hors de combat, et la fusillade qu'entretiennent
nos soldats est absolument inefficace : les Bavarois, embusqués à l'intérieur du parc et protégé par l'épaisseur des haies
qui l'entourent, ne peuvent être atteints, tandis que leur feu
exerce, au contraire, de sanglants ravages dans nos rangs.

Mais la brigade d'Ariès, restée jusqu'alors inactive vers le
Grand-Luz, vient alléger heureusement la tâche difficile de la
division Barry. Sous le tir de deux batteries de la réserve
du 15ᵉ corps, dissimulées derrière quelques arbres, la batterie
bavaroise établie au sud du parc est réduite au silence. Nos
tirailleurs vont la prendre même, semble-t-il, au moment où
elle amène ses avant-trains; mais les servants font un
suprême effort pour la dégager, et ils y réussissent en utilisant
les chassepots dont ils sont armés depuis Sedan.

Le général Barry, se voyant soutenu en dernière ligne
par la brigade d'Ariès, engage alors sa 2ᵉ brigade. Le
38ᵉ de marche est en tête, et son 1ᵉʳ bataillon, enlevé avec

vigueur par le lieutenant-colonel Baillé, cherche à tourner le village. Malgré ses efforts, il n'y parvient pas; le feu des Bavarois, vif et meurtrier, l'en empêche. Mais les deux autres bataillons accourent, et cette fois le 38°, se ruant sur la lisière du parc, saute le fossé, s'ouvre des passages dans les haies vives, et pénètre enfin — le sergent Charbonnier le premier — dans l'enceinte restée pour nous jusqu'alors inaccessible. Presque en même temps, le 7° chasseurs, qui s'est acharné dans l'attaque de Cléomont, enlève cette ferme et fait prisonniers les Allemands qui l'occupent.

Dans le bourg cependant, l'ennemi tient encore, et il faut lui arracher la place, maison par maison. Un instant même, nos soldats en sont chassés par un retour offensif impétueux. C'est alors que le général Barry, qui veut en finir, met pied à terre, et se précipite sur les Bavarois, l'épée à la main, entraînant un groupe de mobiles de la Dordogne aux cris de : « En avant! Vive la France! » qui se répercutent dans les rangs et raniment les cœurs d'une nouvelle flamme patriotique.

Cet acte de bravoure décide du succès définitif. Devant la fougue de nos soldats, la résistance, affaiblie déjà, devient impossible : les Allemands se retirent et nous abandonnent Coulmiers, où s'établit aussitôt la brigade d'Ariès qui n'a pris aucune part à l'action; les batteries de la division Barry gardent le village à l'est.

A notre aile gauche cependant, où la division du contre-amiral Jauréguiberry s'est heurtée au front des batteries bavaroises établies en avant de Gémigny et de Saint-Sigismond, on se bat toujours. L'ennemi, fortement retranché dans les hameaux de Cheminiers, de Champs, et dans la ferme de l'Ormeteau, est à peu près invisible et fait pleuvoir une grêle d'obus sur les soldats de la brigade Deplanque, dont les rangs s'éclaircissent, mais qui n'en avancent pas moins, sous ce feu terrible, comme de vieux troupiers aguerris. Le 37° de marche, entraîné par le chef de bataillon Chevallier, qui commande le régiment et qui gagne là sa croix de la Légion d'honneur, se précipite sur Champs et en chasse les Bavarois. Mais il ne peut s'y maintenir : assailli, dans un retour offensif, par les colonnes serrées de la brigade du général von Orff, il se voit forcé d'abandonner le hameau conquis et se retire avec lenteur en se défendant énergiquement.

Bientôt d'ailleurs, il revient, appuyé d'une batterie de 12, envoyée par Chanzy. Et quand déjà la nuit tombe, le 3ᵉ bataillon se jette avec impétuosité sur le village et, après une lutte acharnée, en reste maître définitivement.

Pendant ce temps, le 2ᵉ bataillon, lancé contre la ferme de l'Ormeteau, parvient, au prix de pertes sanglantes, à s'en emparer, et y fait dix-sept prisonniers.

Le 33ᵉ mobiles, de la Sarthe, prend à cette action une part non moins importante. Il est noblement conduit par le lieutenant-colonel de la Touanne, qui se bat en ce lieu près de la demeure de sa famille et qui, magnifique d'entrain et de bravoure, montre à ses hommes le chemin du devoir en leur criant avec familiarité : « En avant ! c'est par ici, les gars !... » A la droite du 37ᵉ de marche, le 33ᵉ mobiles répond d'abord, pendant deux heures, au feu meurtrier de l'ennemi. Puis, le 1ᵉʳ bataillon occupe Cheminiers et s'y défend jusqu'au moment où les toits brûlent et s'effondrent ; le 2ᵉ participe au second assaut du hameau de Champs, et une section de la compagnie du capitaine Couturié coopère à l'enlèvement de l'Ormeteau.

Courageux et fermes, les « Manceaux » payèrent chèrement, du reste, leur glorieux début : ce fait d'armes brillant leur coûta 44 tués et 220 blessés.

Le succès, si longtemps disputé, de la division Jauréguiberry marque la dernière phase de la bataille. Le général von der Tann, qui craint d'être enveloppé, ne pense nullement d'ailleurs à reprendre l'offensive, et il ordonne la retraite avant même que nous n'occupions complètement les positions conquises.

Cette retraite, on la laisse s'effectuer vers Saint-Péravy, sans que nos troupes cherchent à la contrarier autrement que par des feux lointains, d'une inefficacité manifeste. On peut même dire qu'il y eut à ce moment un véritable gaspillage de munitions; la canonnade dura fort tard dans la soirée, sans qu'aucun des projectiles lancés sur les bois de Bucy et de Gémigny rendît le moindre service.

L'esprit d'initiative, une fois de plus, fait ici défaut à ceux de nos généraux qui exercent le commandement, et nous sommes en droit de le leur reprocher, car il n'est que quatre heures, et malgré la pluie mêlée de neige qui commence à

GÉNÉRAL
VON DER TANN
(Cliché Société
photographique de Berlin).

tomber, malgré la nuit qui vient assez rapidement par les temps sombres de novembre, il était possible, nous le répétons, de rendre plus complète la défaite de l'armée allemande.

Le corps bavarois tout entier pouvait être même anéanti ou fait prisonnier sans qu'un seul homme eût chance de salut, si le général Reyau avait su tirer parti des forces imposantes de cavalerie qu'il commandait, et s'il se fût inquiété davantage de la mission qui lui était confiée. Mais au lieu de décrire le mouvement de conversion qui doit déborder la droite ennemie, il engage imprudemment contre les cavaliers allemands, entre Champs et Saint-Sigismond, trois de ses escadrons qui ne peuvent tenir sous les feux convergents de six batteries bavaroises, et il croit devoir, après cet insuccès, se retirer vers l'ouest. Une colonne d'infanterie, qu'on aperçoit au loin, vient, pour comble de malheur, jeter un nouveau trouble dans l'esprit hésitant du général Reyau. Ce sont les francs-tireurs de Lipowski, adjoints pour la journée à notre cavalerie, qui marchent sur Tournoisis. Leur uniforme sombre les fait prendre pour des ennemis, et sans chercher à vérifier le fait, désireux d'éviter le contact de cette troupe, le général s'empresse de regagner à Prénouvellon ses emplacements du matin, au désespoir de ses officiers qui s'affligent de rester inactifs et de voir inutilisés d'aussi nombreux escadrons.

Le général Reyau, dont le rôle et la conduite en la circonstance furent unanimement blâmés, « paya » d'ailleurs de son commandement, selon le mot de Gambetta à la conférence de Villeneuve-d'Ingré, l'incurie coupable dont il fit preuve :

cinq jours après, le 14 novembre, il était remplacé à la tête de sa division de cavalerie par le général de Longuerue.

Les troupes de von der Tann, disséminées vers minuit sur une étendue de plus de vingt kilomètres, s'éloignaient en hâte dans la direction d'Artenay, qui leur avait été assigné comme lieu de ralliement. Les unes combattaient depuis trente-six heures, la plupart exécutaient pour la seconde fois une marche de nuit des plus pénibles, et chez toutes l'épuisement était complet. La retraite se fait d'ailleurs dans un désordre indescriptible; différentes colonnes n'atteignent Artenay que dans la matinée du 10 novembre, pour continuer précipitamment leur course vers le nord. La débandade est telle que trois ou quatre habitants d'Orléans, accourus au bruit du canon et conduits par Pajon, l'ancien soldat de Crimée dont nous avons parlé, peuvent, n'ayant en mains qu'un échalas, arrêter six Bavarois qui fuient du côté de Bucy-Saint-Liphard. Cinq se rendent et remettent leurs armes; le sixième, un caporal, cherchant à se défendre et à tirer sur les civils qui le font prisonnier, est tué par eux d'une balle allemande avec le fusil d'un de ses camarades désarmés.

Le détachement du colonel von Tauffenbach, qui s'était porté d'Orléans sur Saint-Ay, puis d'Ormes sur Cercottes, réussissait lui-même à rallier le gros de l'armée, en laissant sur le chemin un assez grand nombre de traînards qui furent recueillis le lendemain par nos soldats. L'avant-garde de la division Martin des Pallières eût pu facilement lui barrer la route à Chevilly; mais elle quittait ce bourg quelques heures avant le passage du détachement, et nous perdions ainsi la dernière occasion de faire une capture importante.

Toutefois, un coup de main isolé nous valut, le 10 au matin, la prise d'une colonne de munitions bavaroise qui errait à l'aventure du côté de Saint-Péravy. Prévenu par les gens du pays, l'amiral Jauréguiberry lança son peloton d'escorte, sous les ordres de son chef d'état-major, le commandant de Lambilly[1], à la poursuite de cette colonne, et il fut aisé à notre petite troupe — 50 cavaliers environ, dragons du 6e régiment, et hussards du 1er de marche, — de s'emparer, à l'entrée de Lignerolles, près Patay, de 2 canons avec leurs attelages et leurs servants, de 25 caissons de munitions, de 29 voitures de bagages et de 130 hommes, dont 5 officiers.

Le soir du 9 novembre, vers six heures, les premières lignes de la division des Pallières, après un parcours de plus de quarante kilomètres presque sans repos, apprenaient en approchant de Fleury, non loin d'Orléans, que la ville était évacuée, et qu'il n'y restait que des ambulances et quelques postes. Sur les instances du capitaine Jacquey, qui préalablement y avait pénétré seul, le général des Pallières envoya cet officier, au milieu de la nuit, prendre possession des points les plus importants, avec une compagnie du 38e de ligne, une autre des mobiles de la Nièvre, et quelques cavaliers. Ce détachement avait rassemblé, quand le jour se montra, 900 prisonniers, la plupart malades ou blessés, et 250 chevaux.

Les volontaires de M. de Cathelineau et le 3e bataillon des mobiles de la Dordogne, arrivés le 9 au soir dans le faubourg Saint-Marceau, par la route d'Olivet, furent ensuite les premiers qui, le 10, dès la première heure, entraient à Orléans, lorsque déjà les cloches de la ville et celles des villages d'alentour sonnaient à toute volée et fêtaient la victoire par leurs joyeux carillons.

D'après M. de Freycinet, l'effectif des 15e et 16e corps, quand l'armée de la Loire prit l'offensive, s'élevait à 70 000 hommes environ. Mais il n'y eut à Coulmiers d'engagement réel que pour un peu plus de la moitié de nos forces. Du reste, les effectifs français, on le sait, portent sur le nombre des *rationnaires*, et non, comme le font les Allemands, sur celui des *combattants*, et l'on ne pourrait les comparer à

1. Officier brillant qui fut mortellement blessé, le 11 janvier 1871, à la bataille du Mans.

ceux de l'ennemi qu'en les réduisant notablement encore. Le général d'Aurelle, en somme, ne mit en ligne, ce jour-là, pas plus de 40 000 hommes, avec 150 pièces.

Quant aux Bavarois, d'après la relation de l'état-major prussien, leur effectif atteignait environ 26 000 hommes, dont 16 825 d'infanterie, 4 945 cavaliers et 112 pièces. Si l'on en retranche la garnison d'Orléans, qui comptait 2 142 hommes, 250 chevaux et 2 pièces, c'est un nombre de 23 500 combattants, avec 110 canons, que nous opposa le général von der Tann.

Nous avions perdu à peu près 1 800 hommes. Le 15ᵉ corps eut 500 tués ou blessés; le 16ᵉ, 146 tués, 918 blessés et 220 disparus. La division Jauréguiberry, la plus éprouvée, avait eu, à elle seule, 700 hommes hors de combat.

Les pertes des Allemands, selon l'état-major, se seraient élevées seulement, non compris les 450 blessés ou malades restés à Orléans, à 51 officiers et 912 hommes, tués, blessés ou disparus. Mais ces chiffres, au dire des écrivains militaires d'outre-Rhin, paraissent singulièrement atténués et peuvent être portés, sans exagération, à 1 400 unités au moins. D'après le capitaine von Helvig, officier de l'état-major du général von der Tann, qui a publié une relation du corps auquel il appartenait pendant la campagne de 1870-1871, les Bavarois seuls, sans compter la 2ᵉ division de cavalerie, avaient à regretter 51 officiers et 1 257 hommes, dont 727 disparus.

Cette journée de brumaire s'était achevée dans la pluie et la neige, qui lavaient par les sillons le sang de nos jeunes soldats. Mais elle nous est chère, et nous demandons la permission de la célébrer pieusement et de chanter même ici le temps des nébulosités.

> Brumaire est le mois sombre où les feuilles jaunies
> Jonchent en voltigeant le sentier désolé,
> Où les clartés du ciel par les brouillards ternies
> Ne luisent qu'à demi sous l'horizon voilé.
>
> C'est le mois indécis où souffle la tempête,
> Où croasse dans l'air le lugubre corbeau,

Où les dernières fleurs doivent courber la tête
Sous les flocons neigeux qui leur font un tombeau.

C'est le mois précurseur de l'hiver, saison dure
Où le pauvre sans feu frissonne sous son toit,
Où l'oiselet privé d'un dôme de verdure
Regarde aux arbres nus son berceau vide et froid.

C'est le mois languissant où s'assoupit la terre,
Où se répand dans l'âme un invincible ennui,
Où le bois est muet, le vallon solitaire,
Où devant l'aquilon les jours sereins ont fui.

Mais c'est aussi le mois où sortant d'un long rêve,
La Patrie à Coulmiers vit ses soldats vainqueurs.
Brumaire à nos douleurs ce jour-là faisant trêve,
En dépit de la neige, ensoleilla nos cœurs!

Les vainqueurs de Baccon, de la Renardière et de Coulmiers ont d'ailleurs aujourd'hui leur monument commémo-
ratif, qui s'élève à l'angle nord-ouest du parc de M. de Villebonne et qui a été édifié au moyen d'une souscription publique.

D'un style sévère et fort beau, dans sa simplicité, il se
posant sur un socle de granit
zon entouré de balustres. Sur
ce de la route du Mans, sont
urier et une palme, et gravés
éraux. Sur le socle circulaire
ts les noms des soldats français
tués au champ d'honneur. Une crypte ménagée sous le tertre,
renferme la dépouille de trente-huit de ces soldats morts glo-
rieusement à Coulmiers même.

Au-dessus de la porte du mausolée est reproduit le texte
qu'a développé, avec sa foi patriotique et son art oratoire,
l'évêque d'Orléans, Dupanloup, à l'inauguration solennelle
du monument, le 30 juillet 1876 :

« *Spes illorum immortalitate plena est.* »

Si ces braves sont tombés avec l'espoir en l'immortalité, le
nôtre doit être irréductible, — et rien ne saurait nous faire
douter qu'un jour sonnera pour la France, vaincue et muti-

lée, l'heure des inéluctables revendications et de la « justice
immanente.....»

Une chapelle particulière, dédiée aux morts du 9 novembre,
a été consacrée aussi, dans l'église
même de Coulmiers, le 11 septembre 187.

MONUMENT DE COULMIERS

Au lendemain de la guerre, la
commune de Baccon avait déjà, de sa
propre initiative et à ses frais, érigé
près du bourg une modeste tombe
militaire, qui fut transférée en 1883
dans le nouveau cimetière. Le monument, qui couvre les restes de vingt-
huit soldats français, a été complété
en 1895 et entouré d'une grille en
fer de 5 mètres de longueur sur 3 mètres de largeur : un
socle en pierre de 1 mètre de hauteur, supporte une croix
de 1 m. 50 sur laquelle on lit, face au nord :

A CEUX DE NOS SOLDATS
MORTS POUR LA FRANCE
SUR LE TERRITOIRE DE LA COMMUNE DE BACCON
LE 9 NOVEMBRE 1870

Fortiter vita excedendo
Adolescentibus exemplum
Forte relinquimus.

ICI REPOSENT AUSSI 17 BAVAROIS
De profundis.

Sur le socle est fixée une plaque en marbre qui porte elle-
même l'inscription suivante :

A LA MÉMOIRE DES SOLDATS
TUÉS SUR LE TERRITOIRE
DE LA COMMUNE DE BACCON
LE 9 NOVEMBRE 1870
Requiescant in pace.

XV

APRÈS LA BATAILLE

Ce n'est que vers six heures, quand le bruit du canon ne résonna plus que les habitants de la Renardière se décidèrent à rentrer au village. Ils avaient la joie d'y être accueillis par des Français, de serrer des mains amies, de retrouver là un jeune soldat du pays, Lambron, enthousiasmé d'avoir pris part à la délivrance de son propre hameau. Mais dans les maisons, aux murs noircis et lézardés, aux toitures béantes, aux portes enfoncées, aux vitres en éclats, quel aspect lamentable et quelle dévastation! Les meubles sont vidés et renversés, les panneaux des armoires et des commodes brisés ou perforés par les balles; les objets de literie, draps et couvertures, ont disparu ou sont en lambeaux; le linge, s'il en reste, est éparpillé dans les granges et les étables, sali de poudre, souillé de boue et de fumier....

Dans les prés et les champs d'alentour, on ramasse encore des morts et des blessés, qu'on transporte sur des brancards au château. Une quarantaine de soldats tués, Français et Allemands, sont étendus près de la grille, sous les grands ormes séculaires dont les branches ont été hachées par les obus dans leurs trajectoires destructrices, et, pâles et rigides, battus de la pluie neigeuse, jusqu'au lendemain ils vont être exposés là. Les blessés, au nombre de 80 environ, dont la moitié de Bavarois, sont installés dans les pièces du rez-de-chaussée, vestibule, salons et salle à manger, transformées en ambulances.

On les entoure de soins empressés, on les encourage de paroles affectueuses, et une circonstance bienvenue permet de leur offrir un réconfortant précieux. Une cave, habilement murée, a échappé aux recherches minutieuses des Allemands. Le jardinier Didot, que la pitié inspire, en indique l'endroit à nos officiers, et les quinze cents bouteilles de vins de choix qu'on y découvre sont utilisées avec reconnaissance par les médecins militaires.

Les gens de Baccon, en revenant à leur domicile, furent obligés d'agrandir les brèches faites aux barricades pour pénétrer dans le bourg. Le spectacle d'un bouleversement analogue à celui de la Renardière les y attendait;

PRINCE
FRÉDÉRIC-CHARLES
(Cliché Société
photographique de Berlin).

les dégâts étaient considérables et beaucoup de familles se voyaient entièrement ruinées. Le clocher qui avait servi particulièrement d'objectif aux artilleurs, montrait presque à nu sa charpente; le plafond de l'église s'effondrait par morceaux. Les ustensiles de ménage, le mobilier même, emportés d'une habitation, se trouvaient entassés dans une autre ou jetés pêle-mêle au fond d'une cour, — et ce ne fut pas sans difficulté qu'on put, les jours suivants, remettre un peu d'ordre dans chaque maison et faire disparaître les obstacles qui encombraient les rues.

Les troupes bivouaquaient dans les champs, sous la pluie froide et les rafales de neige; des postes et des sentinelles gardaient la route de Meung, jusqu'au Bardon qu'occupait l'arrière-garde de l'armée avec les bagages et les vivres.

Les salles de classe, vidées de tout le matériel scolaire, avaient été garnies de paille pour recevoir une trentaine de blessés. D'autres ambulances étaient installées de même à l'hôtel de l'*Écu de France*, à l'auberge du *Coq* et à l'église. Les habitants du village prêtaient aux infirmiers, pour soigner nos soldats, un concours inexpérimenté sans doute, mais actif et dévoué ; les médecins s'occupaient des hommes les plus dangereusement atteints. Le 10, dans la matinée, un grand nombre de voitures spéciales, envoyées par le service des hôpitaux militaires, permirent d'ailleurs d'évacuer sur Orléans, Meung et Blois, le plus grand nombre des victimes de la veille ; il ne resta au bourg que les blessés non transportables.

Dans l'après-midi arrivèrent aussi, de Coulmiers, un convoi de prisonniers bavarois, qu'on dirigea vers Beaugency, à pied, par le chemin des *Bœufs*, et un groupe de soldats français indisciplinés, conduits par des gendarmes, qu'on dut héberger dans une grange de la localité.

Ce jour-là et le lendemain, 6 000 personnes au moins, pataugeant dans la boue et la fange, visitèrent Baccon et le champ de bataille environnant. Les curieux les plus avisés s'étaient munis de provisions pour le déjeuner ; les autres, imprévoyants, ne purent trouver un morceau de pain dans la région. Certains collectionneurs, comme **M.** Maupré, archiviste départemental du Loiret, rapportèrent du moins de leur excursion des spécimens variés d'armes de guerre.

En sortant du village, sur l'emplacement des batteries bavaroises, on s'arrêtait devant un amoncellement de caissons démontés, de roues aux rais disjoints, d'essieux rompus, de traits coupés, de chevaux morts. Près de la ferme de Villard, où l'incendie achevait son œuvre, nos soldats entretenaient leurs feux de bivouac avec les bois de charpente à demi consumés, les âges de charrues et les ridelles de voitures arrachés aux flammes.

Dès le 15 novembre, délivrés d'un joug intolérable qu'il leur semblait ne plus avoir à redouter, et sur la foi d'ailleurs des officiers qui exprimaient l'espoir de rejeter l'ennemi dans l'Est, les artisans cherchèrent à se remettre au travail, les cultivateurs à reprendre leurs occupations habituelles. Mais l'outillage faisait partout défaut, les animaux manquaient pour exploiter la terre, et chacun se heurtait à des entraves de tout genre. Les écoles se rouvrirent, froides et nues, dépourvues de tables et de livres classiques, pour ne donner accès qu'à un petit nombre d'élèves. Une vie nouvelle paraissait devoir être vécue....

Nous avons vu que la retraite de l'armée bavaroise présentait tous les caractères d'une déroute. Les soldats de von der Tann, exténués et démoralisés, avaient perdu confiance en la série jusqu'alors ininterrompue des triomphes allemands, en la haute idée surtout que depuis le 11 octobre ils se faisaient eux-mêmes de leur propre valeur, et il n'était douteux pour personne que la continuation d'une vigoureuse offensive, dès le lendemain de Coulmiers, nous eût ménagé promptement d'autres succès.

Par malheur, il n'en fut rien. Nos troupes, après la bataille, restèrent à hauteur des positions conquises, sans avancer d'un pas. La pluie tombait, pénétrante et glaciale, alternant par instants avec des flocons de neige que poussaient de furieuses rafales. L'obscurité la plus profonde enveloppait la campagne où, sans feu, recherchant presque à tâtons les blessés, attendant des vivres et des munitions, ne pouvant reformer les compagnies, officiers et soldats piétinaient dans une boue épaisse et se morfondaient tristement. Combien contrastait cette situation pénible avec les joies de la victoire et l'enthousiasme qu'elle avait fait naître! Le courage et l'ardeur, certes, demeuraient intacts; mais pourtant les heures de cette longue nuit, si lentes à s'écouler, ne furent pas sans exercer une influence fâcheuse sur l'esprit de notre armée, et l'affaissement moral qui en résulta ne fit que s'accentuer les jours suivants.

Le général d'Aurelle de Paladines avait pour principe de ne pas faire cantonner ses troupes et de leur interdire d'allumer aucun feu la nuit, pour ne point éveiller l'attention des éclaireurs ennemis. L'idée semblait fausse à beaucoup d'officiers et elle eut, en effet, des conséquences fatales, car le bivouac, prolongé pendant trois semaines consécutives, sous les intempéries, dans la terre délayée, sans moyens de se garantir du froid, ne pouvait être que démoralisant pour nos soldats et préjudiciable à la discipline.

Les Bavarois avaient disparu, et le 10, à la pointe du jour, les reconnaissances de notre cavalerie ne les découvraient qu'au loin. Mais, encore une fois, rien ne fut tenté pour les poursuivre, et si la colonne de munitions de Saint-Péravy fut prise par le commandant de Lambilly, nous le devons surtout aux habitants du pays, qui, sans armes, ne purent eux-mêmes, malgré une démonstration hostile, arrêter les fuyards, mais qui du moins, informateurs diligents et précis, renseignèrent l'amiral Jauréguiberry, en insistant sur le désarroi de la petite troupe et la facilité de la capture.

Le général d'Aurelle resta donc sur ses conquêtes de la veille, se bornant, dans la journée, à faire rectifier les positions de ses troupes, sans en dépasser la limite. La neige, du reste, lui fournissait un argument pour demeurer stationnaire : elle avait succédé à la pluie et blanchissait maintenant toute la surface du sol. Les mouvements s'en trouvaient gênés et retardés ; les convois surtout, obligés à de longs détours pour éviter des chemins peu praticables, n'avançaient qu'avec une excessive lenteur.

Aussi bien, le général en chef ne paraissait pas se soucier de rejoindre l'ennemi et de prendre à nouveau contact avec lui le plus vite possible. La retraite précipitée des Allemands lui semblait un stratagème ; von der Tann, s'imaginait-il, lui tendait un piège et ne cherchait qu'à l'attirer vers le nord, dans la direction de Chartres ou de Paris, pour l'écraser sûrement avec les renforts importants qu'allait recevoir d'urgence le 1er corps bavarois.

Cet aspect erroné de la situation conduisait d'Aurelle à une détermination funeste, — celle de se maintenir purement à proximité d'Orléans ; et sans vouloir occuper la ville, il établissait son quartier général, le lendemain de la bataille, à Villeneuve-d'Ingré, sur la route de Châteaudun, à 5 kilomètres de la cité de Jeanne d'Arc, où son nom était glorifié par toute la population, comme l'avait été, plus de quatre siècles auparavant, celui de l'héroïne de Domremy.

C'est là que, deux jours plus tard, le 12 novembre, eut lieu la fameuse conférence de laquelle devaient dépendre peut-être les destinées du pays. Le Gouvernement de la

Défense nationale y était représenté par Gambetta, ministre
de la guerre, assisté de M. de Freycinet; d'Aurelle de Paladines avait à ses côtés ses deux frères d'armes, les généraux
Borel et Martin des Pallières. M. Pereira, préfet du Loiret,
et M. Baguenault de Puchesse, secrétaire de la Préfecture,
étaient aussi présents. La discussion fut vive et quelque peu
confuse, dit-on. Gambetta tenait à marcher de l'avant, sans
différer d'un jour. Mais d'Aurelle fit prévaloir ses vues pes-
simistes sur l'esprit de ses collègues, et l'élément civil dut
forcément se ranger à l'avis des généraux. On admit donc,
comme mesure provisoire, que l'armée ne s'éloignerait pas
d'Orléans et s'y préparerait à une offensive prochaine dont
Paris serait l'objectif suprême.

Pendant les journées qui suivirent, nos troupes restèrent,
par conséquent, dans une déplorable inaction. Un camp
retranché fut commencé, mais l'utilité n'en apparaissait
qu'indistinctement démontrée, et les travaux s'y faisaient sans
zèle et sans entrain. Les Allemands, surpris de notre immo-
bilité, s'en inquiétaient presque, tout en la mettant à profit :
Bazaine avait capitulé, et de Metz, l'armée du prince Frédéric-Charles s'avançait rapidement vers la Loire.

XVI

ANGOISSES NOUVELLES

LES populations ne savaient que penser elles-mêmes de voir nos régiments bivouaquer ainsi aux abords d'Orléans. Qu'attendait-on pour les mettre en mouvement? Ils étaient assez nombreux pour assaillir l'ennemi ou supporter le choc d'une attaque sans qu'il fût nécessaire de renforcer immédiatement leurs rangs, et les munitions, quoique largement dépensées dans la soirée du 9 novembre, n'avaient jamais fait défaut. Puis, les conditions de l'installation en plein air s'aggravaient d'un jour à l'autre, la pluie tombait sans discontinuer, la température devenait de plus en plus inclémente, et le bénéfice moral du succès de Coulmiers s'atténuait et se perdait sous l'âpreté de l'existence imposée aux soldats.

Ce fut donc un soulagement pour les habitants de la région quand, à la fin de novembre, nos troupes s'ébranlèrent et se mirent en marche vers Artenay. Le plan arrêté à la conférence de Villeneuve-d'Ingré prenait corps enfin, et l'armée de la Loire, en s'approchant de Paris, allait tenter de faire jonction avec celle de la capitale.

On sait comment ce projet échoua. Il était trop tard pour chercher à le réaliser : les forces ennemies, mieux aguerries, contre lesquelles nous allions nous heurter, étaient alors égales en nombre ou même supérieures aux nôtres, — et la rencontre meurtrière du 2 décembre vint douloureusement pour nous rétablir la chaîne, un moment rompue, de nos persistants revers.

Il n'entre pas dans notre cadre de faire à cette place le récit de la bataille de Loigny. Mais nous avons dit que le châtelain de la Renardière, M. Colombier, était enrégimenté dans les zouaves pontificaux, et ce n'est pas sortir de notre sujet que de raconter l'épisode héroïque auquel il fut mêlé ce jour-là.

Le général de Sonis, qui commandait le

LE GÉNÉRAL DE SONIS

17e corps, s'apercevant que la brigade de Jancigny recule, se précipite vers elle et veut à tout prix, par son exemple, par ses adjurations et par ses ordres, arrêter la retraite du 51e de marche. Mais c'est en vain qu'il s'épuise en efforts désespérés pour reporter en avant ce régiment, que la panique affole.

Un désastre lui apparaît alors si les Allemands s'emparent du village de Villepion. Pour l'éviter, ou du moins en retarder l'heure, s'il nous est impossible de garder cette position, il faut des braves, prêts au sacrifice, et de Sonis, illuminé d'une idée subite, pense au colonel de Charette et à ses volontaires, adossés au château de la localité. Étreignant fiévreusement les flancs de sa monture, qui bondit sous l'éperon, il accourt au galop, et s'adressant aux zouaves, avec toute l'émotion de son amour patriotique et de sa foi religieuse : « Il y a là-bas, leur crie-t-il, des lâches qui refusent de marcher. Ils vont perdre l'armée. Montrons-leur ce que valent des hommes de cœur et des chrétiens ! » — Et la petite troupe, composée de 300 zouaves, de deux compagnies des mobiles des Côtes-du-Nord, des francs-tireurs de Tours et de Blida, — 800 hommes en tout, appuyés d'une seule batterie de mitrailleuses, — s'élance à la suite du général, traverse le village de Villepion et s'avance sur Loigny.

Le 51e de marche, qui se dissimule dans un pli de terrain, la voit passer près de lui, sans être gagné par l'ardeur dont elle est animée. L'exemple ne devient contagieux que pour quelques hommes qui, honteux du rôle indigne que leur fait jouer la peur, et éclairés enfin par le sentiment du devoir, reprennent leurs armes et suivent la vaillante légion[1].

Deux petits bois plantés d'arbrisseaux divers couvrent, à mi-chemin de Villepion, le bourg assez important de Loigny ; un peu plus loin se trouve un troisième boqueteau, d'un hectare à peine, — celui qu'on appelle aujourd'hui le *Bois des Zouaves*, et qu'on appelait alors le bois Bourgeon, du nom de son propriétaire, instituteur de la commune, qui, depuis quelque vingt-cinq ans, avait ombragé lui-même ce sol improductif d'acacias, mêlés à des lilas et à des cytises. Embusqués là dans une situation particulièrement avantageuse, les Prussiens tirent à coup sûr; dans la plaine découverte où leur fusillade crépite sans intermittence, où

____

1. Nous savons bien que l'attitude, ce jour-là, du 51e de marche, composé surtout de jeunes conscrits de la classe de 1870 qui voyaient le feu pour la première fois, a été diversement expliquée et interprétée. Mais l'histoire impartiale dira, croyons-nous, que, si ce régiment, commandé par le lieutenant-colonel Thibouville, s'est bravement conduit autour de Beaugency, les 8, 9 et 10 décembre, et près du Mans, à Ardenay, le 9 janvier, il eut à Loigny une défaillance profondément regrettable.

leurs canons font rage, toutes les décharges portent. Mais
nos soldats, malgré la grêle de balles et d'obus qui pleut sur
leurs têtes, continuent néanmoins de gagner du terrain,
d'avancer toujours, « avec un calme et un sang-froid admirables », comme le dit lui-même leur colonel dans son rapport au géné-
ral Chanzy.
Du premier
élan, avec une
vigueur irré-
sistible, ils
enlèvent la
position de
Villours ;
puis, abor-
dant à la
baïonnette le
bois fameux
auquel les
zouaves vont
donner leur
nom, ils en dé-
logent l'enne-
mi et le chas-
sent, la pointe
dans les reins,
jusque vers

LE GÉNÉRAL DE SONIS S'ADRESSANT AUX ZOUAVES

Loigny. Déjà, malheureusement, des ravages sanglants ont
éclairci nos rangs. Le général de Sonis a la jambe gauche et le
genou brisés en plus de vingt fragments. Déposé à terre, la tête
appuyée sur le harnachement de son cheval, il oublie sa douleur et ne veut pas qu'autour de lui ses officiers perdent un
temps précieux qu'ils doivent à la défense de la Patrie. Il les
prie de s'éloigner et fait prévenir le général de brigade Gué-
pratte, officier général le plus ancien, de prendre le commandement de son corps d'armée : la présence d'esprit ne
l'abandonne pas plus que l'énergie morale. — Le colonel de

Charette, presque au même moment, a son cheval tué sous lui, et le commandant de Troussures, grièvement blessé, est achevé lâchement, à coups de crosse, par les Prussiens, quand

COLONEL CHARETTE

ceux-ci, quelques instants après, reprennent l'offensive. Le général de Sonis voit accomplir près de lui cet acte ignominieux et, impuissant à l'empêcher, il en souffre plus que de sa propre blessure.

Cependant, soucieux de ménager le sang de ses hommes, le colonel de Charette, après l'enlèvement du bois, essaie de modérer leur élan. Mais zouaves, francs-tireurs et mobiles, emportés par un entrain fougueux, ne s'arrêtent plus; attachés aux talons des Allemands, ils les poussent furieusement dans Loigny, y pénètrent à leur suite et s'emparent en un clin d'œil de vingt à trente maisons.

Le général von Tresckow se voit sur le point d'être chassé entièrement du village; il épuise tous les moyens pour en garder les autres habitations, et il fait intervenir dans un suprême effort sa dernière réserve. Une nouvelle mêlée s'engage, plus acharnée et plus terrible encore. Nos tirailleurs, déjà si éprouvés, se ruent sur l'ennemi avec la *furia francese* de jadis, et tombent frappés les uns à côté des autres. Leur colonel et plusieurs autres officiers sont tués ou dangereusement blessés. Leur bannière blanche, rougie de sang et déchiquetée par la mitraille, passe successivement de mains en mains : le zouave de Verthamon, qui la porte, est tué raide à l'attaque du petit bois; le sergent-major de Traversay est frappé d'une balle au moment où il s'en empare; Jacques de Bouillé, qui la saisit alors, tombe à son tour, mortellement atteint. Mais on la relève aussitôt, elle continue de flotter, et le sergent Le Parmentier peut enfin la sauver.

La petite troupe, écrasée par le nombre, est désormais dans l'impossibilité de résister plus longtemps; la retraite est devenue indispensable. C'est avec lenteur et avec ordre qu'elle s'exécute, avec des tentatives aussi de retour offensif qui ne sauraient être dès lors efficaces.

LE GÉNÉRAL DE SONIS BLESSÉ A LOIGNY

La lutte s'achève, auréolée d'une gloire qui nous coûte cher, car nous avons à déplorer des pertes cruelles. Des trois cents zouaves qui ont pris part à l'action, cent quatre-vingt-dix-huit sont tués ou blessés; dix officiers, sur quatorze, sont hors de combat. Les mobiles des Côtes-du-Nord, dans les deux compagnies engagées, ont à regretter cent dix hommes; les francs-tireurs de Tours et de Blida, dont la vaillance a égalé celle des zouaves, laissent sur le terrain cinquante-huit des leurs et quatre officiers. La légion a perdu la moitié de son effectif, mais elle n'abandonne à l'ennemi qu'une mitrailleuse, et elle lègue à notre admiration un des plus beaux traits historiques de bravoure et de patriotisme.

Le général de Sonis, étendu près du Bois des Zouaves, y passa une nuit atroce, ainsi que la plupart des blessés de la journée, qu'on ne put relever et qui restèrent sur le champ de bataille d'interminables heures, couverts d'une neige abondante et glacée, qui se mit à tomber vers dix heures du soir. — Recueilli le lendemain seulement dans la matinée par l'aumônier des mobiles de la Mayenne, et soigné, avec les nombreux blessés, par le docteur Dujardin-Beaumetz, — grâce à la fermeté duquel une ambulance fut organisée au bourg même de Loigny, malgré les menaces et les protestations inhumaines des Prussiens, — le général dut être amputé de la jambe gauche et son pied droit, gelé, faillit être aussi coupé. — Mort à Paris le 15 août 1887, il repose depuis le 22 septembre suivant dans la crypte de la nouvelle église édifiée sur le lieu du combat, avec ces mots inscrits sur son tombeau :

In spem vitæ

Hic depositus est

Et requiescit

Miles Christi

GASTON DE SONIS

Général de division,
né le 25 août 1825.

Tous les Français qui honorent sa mémoire, n'oublieront jamais qu'il fut aussi, dans toute la noblesse et la grandeur de l'expression, *un soldat de la Patrie*.

Bien que notre intention, nous le répétons, ne soit pas de raconter ici dans toutes ses phases la journée du 2 décembre, nous ne pouvons résister au désir de mentionner, à côté de l'héroïsme des volontaires de l'Ouest, la bravoure, « élevée à sa plus haute puissance », a-t-on dit, du 37ᵉ de marche, et l'intrépidité du 33ᵉ mobiles, de la Sarthe, — deux de nos régiments dont nous avons admiré déjà la vaillance à Coulmiers dans la division du contre-amiral Jauréguiberry.

Les 2ᵉ et 3ᵉ bataillons du 37ᵉ qui, sous les ordres du commandant Chevallier, s'étaient emparés vers midi, au pas gymnastique, d'une partie du village de Loigny, s'y maintiennent jusqu'à quatre heures avec une indomptable énergie. Mais sans renfort, sans ordre de battre en retraite, cernés de tous côtés par un ennemi dont les forces s'accroissent de minute en minute, ces deux bataillons se voient perdus. Leur résistance, pensent les officiers, protégera du moins la retraite de la division, — et ils se jettent avec leurs hommes dans le cimetière pour y prolonger la défense. Les cartouches manquent, mais la baïonnette est au canon ; puis, à côté, dans l'église, de nombreux blessés râlent et gémissent, et on les dépouille de leurs munitions pour l'assaut qui se prépare. Alors se déroule un drame étrange et poignant : dans le champ de recueillement et du repos crépite une fusillade épouvantable et s'engage une lutte épique, qu'éclaire, à la nuit tombante, la lueur sinistre des maisons incendiées. Derrière le mur d'enceinte, dissimulés par les cyprès et les tombes, nos soldats attendent, ménageant leurs balles, — et quand les Allemands s'approchent, en flots pressés, une décharge meurtrière ravage leurs rangs.

Cependant les deux régiments de la division von Tresckow, — le 76ᵉ et le 90ᵉ, — que la retraite des zouaves a rendus disponibles, arrivent à la rescousse et, pour en finir, dirigent contre le cimetière une attaque furieuse. De la rue principale, des bâtiments voisins que les flammes n'ont point encore atteints, part un feu terrible et incessant. Les pierres tumulaires volent en éclats, les croix de bois et de fer sont brisées ou tordues, les couronnes de perles et d'immortelles jonchent le sol de leurs débris et de leurs inscriptions commémoratives. Une heure encore pourtant, les soldats du 37ᵉ résistent avec une obstination héroïque, frappés par les projectiles des fusiliers mecklembourgeois près des tombes où ils s'abritent et qu'ils rougissent de leur sang. Malgré leur situation désespérée, le commandant de Fouchier, blessé et fait prisonnier, se refuse à donner l'ordre de cesser le feu, comme le lui demande le général baron von Kottwitz, major de la 33ᵉ brigade d'infanterie de la 17ᵉ division prussienne. — « Ce n'est pas mon affaire, monsieur, lui répond-il avec fierté : c'est la vôtre ! »

A nuit close, vers sept heures seulement, se termine enfin cette lutte disproportionnée, et ne retentissent plus, çà et là, dans le sanctuaire des morts, que des détonations isolées. Ce qui reste des 2ᵉ et 3ᵉ bataillons est obligé de se rendre. Toutefois le brave commandant Chevallier, le lieutenant de Fournas et le sous-lieutenant Coquerelle parviennent à s'échapper, avec une centaine d'hommes, en escaladant le mur de clôture.

Le 37ᵉ régiment de marche eut, ce jour-là, sept officiers tués, sept blessés et douze disparus ou prisonniers. Quand, trois jours après, il se reforma, à Huisseau-sur-Mauves, deux mille deux cent cinquante hommes manquaient encore à l'appel.

Quant au 33ᵉ mobiles, ayant toujours à sa tête le lieutenant-colonel de la Touanne, il devait tourner Loigny et le château de Goury.

Pour exécuter ce mouvement, le 3ᵉ bataillon s'élance dans la plaine découverte, mais il est exposé à un feu violent qui interrompt sa marche en avant. Le capitaine de Luynes tombe, mortellement frappé, les hommes sont décimés par la mitraille : pas un ne recule cependant, tous font preuve d'une fermeté inébranlable, d'un courage inouï, — et ce n'est qu'après avoir épuisé leurs cartouches que nos tirailleurs se dirigent sur Villepion, pour s'y réapprovisionner.

Vers quatre heures, autour du moulin de ce village, le régiment est aux prises avec les Bavarois. Un petit bois se trouve là, que les adversaires se disputent avec une bravoure égale. Pris et repris successivement par les uns et par les autres, ce bouquet d'arbres, où pleuvent les projectiles, où le sang coule en abondance, est gardé finalement par les mobiles.

A ce moment, l'entrée en ligne du 17ᵉ corps, avec le général de Sonis, fait tressaillir d'un dernier espoir les officiers du 33ᵉ. Le canon tonne sur la droite, et sa voix formidable semble annoncer que la bataille pour nous n'est pas encore perdue.

L'ordre est de se maintenir à Villepion, dont les murs sont crénelés et dont le parc est occupé par les 1ᵉʳ et 2ᵉ bataillons. Mais ce dernier est chargé bientôt par le contre-amiral Jauréguiberry de s'emparer d'un boqueteau voisin, et le lieutenant-colonel de la Touanne, qui l'entraîne, blessé alors d'une balle à l'épaule gauche, doit céder sa place au commandant de Lentilhac.

La nuit est venue pendant que les mobiles de la Sarthe soutiennent seuls ainsi l'un des plus violents efforts de l'ennemi, et c'est dans l'obscurité que le régiment se retire sur Terminiers, point de ralliement qui lui a été indiqué.

Un bataillon pourtant, celui du capitaine Chartier, non informé de la direction qu'il doit prendre, reste encore au château. Les Allemands le cernent et la situation des « Manceaux » devient critique, quand le capitaine Couturié, témoignant à nouveau de l'esprit d'initiative qu'il a montré à Coulmiers en participant à la prise de la ferme de l'Ormeteau, rassemble ses hommes derrière les créneaux et, à quinze mètres de l'adversaire, commande une décharge générale.

Les ennemis, foudroyés, tombent les uns sur les autres ; un désordre indescriptible se met dans leurs rangs, et la panique fait disparaître dans une fuite précipitée ceux que nos balles ont épargnés.

Le bataillon désormais n'est plus inquiété, et il n'abandonne le château qu'en pleine nuit, vers onze heures, alors que la neige tombe, sans qu'aucun homme, à l'exception du lieutenant Bonnet, de service à l'ambulance, fût fait prisonnier.

Le 33e mobiles, une fois encore, s'était dans cette journée grandement honoré, mais non sans être durement éprouvé : le régiment avait perdu 300 hommes, tués ou hors de combat.

Cette sanglante bataille du 2 décembre, où nous avions mis en ligne 45 000 combattants de toutes armes et 210 pièces, nous coûtait plus de 6 000 hommes, dont 2 500 prisonniers environ et près de 2 000 blessés, parmi lesquels, avec de Sonis, les généraux de Bouillé et Deplanque. Nous laissions à l'ennemi 8 canons et la mitrailleuse des zouaves. Quant aux morts, le nombre, hélas! en était grand, — et l'ossuaire seul de Loigny renferme aujourd'hui les restes de 1 200 Français.

Les Allemands, dont les forces s'élevaient à 32 000 fantassins, 3 500 cavaliers et 208 pièces, avaient eux-mêmes à déplorer des pertes — parmi les Bavarois surtout, — qui dépassaient les nôtres en tués et en blessés, car ils ne comptaient que 550 prisonniers ou disparus, tandis que 200 officiers et 3 950 hommes de troupe étaient hors de combat.

Le bruit de la canonnade, apporté par un vent du nord des plus violents, résonnait distinctement jusqu'à Baccon le jour de cette bataille. Le lendemain, on le percevait mieux encore, et les habitants, hantés d'inquiétudes nouvelles, en concluaient que l'armée française avait perdu du terrain. Ceux qui d'ailleurs, en quête de renseignements, se rendirent à Orléans dans une carriole d'occasion — le chemin de fer ne servant qu'aux transports militaires, — revinrent le soir troublés et pleins d'appréhensions : les préparatifs de défense exécutés aux abords de la ville, la batterie d'artillerie de marine établie sur la hauteur de Saint-Gabriel, en avant du faubourg de la Madeleine, la large tranchée avec épaulement creusée de ce point culminant à la Loire, — tout cela ne présageait pas qu'une seconde occupation ne fût point à redouter. Ils avaient vu aussi, errant par les rues de la ville ou désœuvrés aux portes des gargotes, nombre de soldats valides, et dans leur naïveté de paysans simplistes qui ne comprennent rien aux choses de la guerre, ils se demandaient, étonnés de ce spectacle peu rassurant, pourquoi ceux-là ne volaient pas à l'appel du canon, vers Cercottes et Artenay, pour prêter aide à leurs camarades aux prises avec l'ennemi.

Le 4 décembre, les détonations de l'artillerie retentissent de plus en plus rapprochées, et la terreur est à son comble quand les gens de Patay, de Saint-Péravy, de Coinces, fuyant devant l'armée allemande, apprennent à ceux de la Renardière et de Baccon que les Prussiens s'avancent, qu'ils incendient les fermes et les hameaux, qu'ils font prisonniers les civils et les emmènent en captivité, — comme déjà, le 11 octobre, les Bavarois ont dépeuplé le village de Bricy[1]. La panique alors s'empare des familles, l'affolement devient général, et sans prendre même le temps de nouer un paquet de vêtements, de garnir un panier de provisions, tout homme quitte sa demeure, s'en allant devant soi, à l'aventure, vers Beaugency, Chambord, Blois, plus loin encore, — et cet exode de la population masculine va durer une vingtaine de jours.

Le soir, vers six heures, quelques officiers français accompagnant un général, frappent à la porte de l'école, tristes et décontenancés : tel, après Crécy, dut se présenter Philippe VI au château de Broye. Une chambre est mise à leur disposition, mais ils ne l'occupent que pour l'examen rapide, sur une carte militaire, de l'itinéraire qui leur est assigné, et la rédaction d'une dépêche que l'instituteur est prié de remettre à un officier général qui doit suivre. Puis, peu sûrs de se reconnaître dans l'entre-croisement des chemins qui figurent sur leur plan topographique, ils demandent un guide pour les conduire à Marchenoir, et le charretier Gandon se charge de cette mission. En les voyant s'éloigner dans la nuit, le cœur se serre, et l'on se dit que, décidément,

---

1. Voir *De la Loire à l'Oder*, récits de captivité d'un prisonnier civil en 1870-1871, Hachette.

la fortune des armes ne nous a gratifiés que d'un sourire fugitif, et que la fatalité poursuit inexorablement notre pauvre France....

Quelques heures plus tard, des éclaireurs allemands faisaient leur réapparition à la Renardière, et cherchant le chemin d'Huisseau, heurtaient violemment, avec des « *Schlafen Sie?* » répétés, aux volets clos de la maison Dandreuil. Seule et tremblante, la maîtresse du logis osa répondre cependant, mais feignit de ne rien comprendre à leurs questions pour ne fournir aucun renseignement précis. Ils ne se fourvoyèrent pas néanmoins et disparurent dans la direction d'Orléans, dont les troupes prussiennes avaient à ce moment repris possession.

XVII

DE CHARYBDE EN SCYLLA

Ce pays de Beauce allait donc subir les calamités d'une
nouvelle occupation. Après les Bavarois, rapaces et pillards, les Prussiens s'y abattaient en vainqueurs, irrités d'une
résistance qu'ils prévoyaient encore de longue durée, animés
plus que jamais de sentiments haineux à l'égard des populations, disposés, au mépris des lois de la guerre, à toutes les
violences et à toutes les ignominies. La situation devenait pire :
on n'était sorti d'une période de maux accablants que pour
tomber dans une phase plus aiguë de souffrances et de désolation.

Le 5 décembre, c'était la déroute. Sous la bise qui soufflait,
âpre et piquante, des troupes françaises passaient à Baccon,
harcelées par les Allemands qui suivaient de près. Sur la
route de Meung, des soldats fatigués, découragés, courbant
le dos, s'efforçaient de hâter le pas vers le lieu de ralliement
qui leur avait été désigné. De petits groupes d'hommes, par
moments, se détachaient du chemin et marchaient à travers
champs, du côté des bois de Fontaine ou de Gléneau; les
coureurs prussiens, qui n'osaient s'attaquer au gros de la
colonne, se lançaient à leur poursuite et ne tardaient pas à les
joindre et à les faire prisonniers. A la brune, quatre-vingts
fantassins environ, qui pouvaient s'échapper facilement,
s'étaient ainsi rendus, sans la moindre velléité d'opposition, à

une vingtaine de cavaliers ennemis. Ceux-là d'ailleurs, osons
le dire, n'étaient pas de nos meilleures recrues, et les personnes qui les virent, près de la ferme de la Borde, assis sur
le talus des fossés et gardés par quelques dragons qui ne les
avaient même pas désarmés, furent indignées de leur attitude
antinationale. Les privations et les duretés de la vie de
bivouac rendaient excusables assurément bien des récrimina-
tions. Mais le soldat qui brisait son fusil, jetait ses cartouches
à terre et déclarait hautement qu'il préférait la captivité en
Allemagne plutôt que de manquer de pain, de coucher à la
belle étoile et d'être mal commandé en France, commettait
un acte d'insigne lâcheté et de trahison envers la Patrie. Il
y en eut de tels dans le groupe rassemblé sous les murs de
Baccon : si quelque chose peut nous consoler de leur aberra-
tion et de leur félonie, c'est que le nombre en fut peu élevé
et que la manifestation resta sans écho.

Quand la nuit apparut, les cavaliers allemands se décidèrent à emmener les prisonniers. L'instituteur, qui revenait
de Meung avec une voiture d'emprunt, fut arrêté et, sous
les coups de plat de sabre d'un chef, dut servir de conducteur
à l'escorte. Les soldats français les plus fatigués se hissèrent
dans le véhicule, et l'on se mit en marche vers Charsonville,
le convoi grossi de charrettes et de tombereaux chargés d'objets
et de denrées déjà réquisitionnés à la Renardière.

Mais pour éviter la rencontre de détachements de notre
armée qui ralliaient sur Marchenoir, il fallut bientôt quitter
la route et se hasarder à travers la plaine. Le cheval, vieux et
aveugle, que tirait par la bride l'instituteur, ne put fournir
une bien longue course dans les terres détrempées : il s'abattit,
inerte, entre les limons de la carriole, et cet incident valut au
conducteur le recouvrement de la liberté. N'ayant désormais
nul besoin de ses services et se trouvant suffisamment rap-
prochés de leurs lignes, les Prussiens le congédièrent quelques kilomètres plus loin. Grâce à la clarté du ciel, il put
s'orienter, revenir près de son attelage et remettre sur pied
la pauvre bête, qu'il croyait morte et qu'il ramena, épuisée et
fourbue, au fermier qui la lui avait confiée.

Peu rassuré par cette nouvelle aventure, l'instituteur résolut au matin d'abandonner le bourg, comme l'avaient fait la plupart des hommes. Sa famille l'attendait à Meung, mais on se battait alors dans les rues de la ville, — où les Bavarois repoussaient un corps de gendarmes mobilisés, — et il fut obligé de s'en éloigner. Le jour suivant, la lutte continua sur la rive droite de la Loire, lutte ardente que Chanzy soutint avec une fermeté et une vaillance qui provoquèrent l'admiration générale. Chaque ville, chaque bourgade, à vingt-quatre heures d'intervalle, devint le théâtre d'une bataille vivement disputée, — et si les Allemands s'emparèrent successivement de Baule, de Messas et de Beaugency, de Cravant, de Villorceau et de Tavers, ce ne fut pas sans subir des pertes considérables et sans que, plus d'une fois, l'avantage restât pour eux indécis. On sait d'ailleurs dans quelles conditions remarquables s'accomplit sur Vendôme la retraite de la deuxième armée de la Loire, et l'indomptable énergie, le sang-froid imperturbable et la science militaire que déploya en la circonstance le général en chef. Avec des troupes inexpérimentées, presque sans cohésion, se défiant d'elles-mêmes depuis Loigny, des gardes mobiles à peine exercés, qu'on devait initier au maniement des armes entre deux combats et ranimer, sous la neige qui les engourdissait, au moyen de feux de paille ou d'échalas, Chanzy sut fièrement tenir tête à l'ennemi, ne lui céder que lentement le terrain, et répondre à ses attaques par une défensive si vigoureuse que le triomphe même, à certains engagements, marqua d'une manière incontestable la supériorité de nos armes. — Et peut-être, au bout du compte, sans la panique désastreuse des mobilisés de Bretagne à la Tuilerie, qui décida de la bataille du Mans, les bords de la Sarthe eussent-ils été le tombeau des soldats harassés du prince Frédéric-Charles....

Le long de la Loire erraient au milieu de nos régiments tous les civils qui, dans les communes occupées, de Patay à Beaugency, avaient quitté leurs demeures par crainte de l'envahisseur. La route de Blois était encombrée de piétons, de carrioles, de tilburys, qui n'avançaient que difficilement, mêlés aux fantassins, aux cavaliers et aux fourgons de notre armée. Toutes les professions, tous les corps de métiers, cultivateurs, épiciers, marchands de nouveautés, maçons, cantonniers, couvreurs, un notaire même de Saint-Péravy, M. Boissonnet, entraînant ses nièces, se heurtaient et se coudoyaient là dans une fuite désordonnée. Les troupes, gênées par la cohue, ne se mouvaient qu'avec peine et se voyaient dans l'obligation par moments de céder la chaussée pour accélérer leur marche. Et il était impossible à cette foule épeurée, qu'enveloppait la neige, de revenir en arrière : aucun laissez-passer ne permettait de franchir nos lignes, encore moins celles des Allemands dont la défiance cruelle livrait à un peloton d'exécution, sans le moindre scrupule, toute personne surprise dans leur champ d'action. Il fallut attendre que les opérations militaires eussent pour théâtre les rives du Loir avant que chacun pût rentrer à son domicile.

L'instituteur de Baccon, comme les autres, dut courir çà et là, de Mer à Villexanton, d'Avaray à Lestiou, et ce ne fut qu'après une semaine de contremarches épuisantes, de déplacements à l'aventure que, malade, atteint d'un érysipèle facial, usant de mille précautions pour échapper aux rôdeurs ennemis, il eut la satisfaction d'arriver à Meung, voyant sur son passage les dégâts incalculables causés par l'acharnement de la lutte, — ici, les barricades encore intactes de Beaugency; l'Hôtel de Ville, chef-d'œuvre des premiers temps de la Renaissance, assiégé par des officiers teutons aux exigences hautaines; le Château de Dunois et la vieille Tour de César, un des donjons romans les plus remarquables de France, réveillés de leurs souvenirs séculaires par la présence abhorrée de l'étranger; — ailleurs, les ruines fumantes des maisons incendiées de Messas. — Pour comble de malchance faillit-il un jour, sur le point de toucher au port, être fusillé par nos propres hommes : un renseignement demandé par lui dans un château de Tavers parut insolite, bien que de nature insignifiante, et fit naître des soupçons chez les gens du logis, d'une méfiance outrée. On le prit pour un espion prussien, et peu s'en fallut que des gardes mobiles postés en ce lieu ne lui fissent un mauvais parti. Malgré les preuves d'identité qu'il fournissait, un sergent ne voulait rien entendre et parlait déjà de la nécessité d'une justice sommaire. Il ne fut redevable du salut qu'à son collègue de la localité, M. Lemaître — père de l'éminent littérateur Jules Lemaître, — qui intervint heureusement et confondit nos trop alarmistes soldats.

Baccon était retombé sous l'oppression barbare des envahisseurs. Le 7 décembre, pendant que ses troupes combattaient à Baule, le prince Frédéric-Charles y établit un moment son quartier général. Ses officiers d'état-major s'installèrent dans les chambres hautes de l'école; lui-même prit possession, sur la place publique, d'un immeuble d'assez belle apparence, la maison Caillard. Il était, on le sait, grand mangeur et plus encore insatiable buveur. On ne put dans le village, en dépit de son désir, lui trouver du champagne, — ce vin de France, pétillant et mousseux, qui flattait son palais de dégustateur, blasé des vidrecomes de Gambrinus, et dont il allait faire à Orléans une si copieuse consommation. Mais il voulut déjeuner d'une gibelotte que son cuisinier savait assaisonner avec un art particulier et de laquelle il se montrait friand. Fallait-il au moins, pour cela, mettre la main sur un lapin domestique. Il y en avait un dans la maison, modeste cadeau d'un ami, qu'on choyait avec sollicitude et qu'on était parvenu à sauver de la rapacité bavaroise. Le flair du maître queux allemand le découvrit, et l'innocent animal fut sacrifié au caprice culinaire du prince.

Les fermes situées à l'ouest du bourg qui, en raison de leur éloignement, n'avaient pas eu trop à souffrir de la première occupation, furent ce jour-là, en quelques heures, saccagées et complètement vidées. Comme une nuée d'oiseaux de proie, dix mille Prussiens vinrent s'y abattre et s'y livrer à une razzia sans merci.

A Gléneau, le fermier Bouvet assiste à une scène de boucherie qui le ruine et transforme sa cour en un lac de sang : son troupeau de 400 moutons, les 15 vaches de son étable sont tués devant lui, sans désemparer, tandis que ses chevaux et ses voitures, qu'on lui vole impudemment, servent à la distribution dans les rangs ennemis de cette provision considérable de viande fraîche. Le lendemain, tout a disparu des bâtiments de l'exploitation agricole; pas une bête n'a échappé à l'hécatombe, si ce n'est un vieil âne, trouvé trop coriace sans doute, qui brait lamentablement autour des murs de la ferme.

Il en est de même au village de Thorigny. Là aussi, tout le bétail est mis à mort et dépecé; les chevaux de trait sont empoisonnés ou asphyxiés dans les écuries, pour que les Français ne puissent en disposer si un retour offensif les ramenait de ce côté. Les cultivateurs, chassés de leurs habitations, ne trouvent un refuge que sous le toit d'un four, où ils se partagent le peu d'aliments que l'un d'eux a pu emporter.

Pendant les jours qui suivent la réoccupation du pays, les habitants de Baccon se voient d'ailleurs menacés de mourir de faim. La débâcle ne leur a rien laissé, pas le moindre morceau de pain; et si quelques sacs de froment gisent au fond de caches qu'on n'ose même entr'ouvrir, les moulins inertes ne peuvent les moudre. Détail navrant de cette horrible guerre : pour ne pas succomber d'inanition, les pauvres gens doivent se nourrir de ce que l'ennemi repu jette aux ordures; ils ramassent sur les fumiers les têtes de vaches ou de moutons et les épluchent des parcelles de chair encore adhérentes aux os craniens.

A la Renardière, les maisons encombrées de chevaux, transformées en cloaques, ont été désertées par tous. Les hommes ont fui et sont errants le long des bords de la Loire, sur les routes du Blésois, n'ayant que des vêtements insuffisants pour se garantir de la neige et du froid, couchant sous les hangars ou dans les granges, vivant presque de la charité publique; les femmes, dans la crainte d'être outragées par la soldatesque prussienne, ont elles-mêmes, le 5 décembre, abandonné leur habitation. Mais elles s'en éloignent peu.

A un kilomètre et demi du village, sur un sommet rocheux qui semble émerger du lit de la Mauve, tant il en est près, s'élève une petite métairie appelée la *Montagne*. C'était, à cette époque, un lieu bien connu de tous les pêcheurs d'écrevisses, assurés de trouver là un accueil hospitalier et de pouvoir, en attendant l'heure propice pour la pose des filets, y dîner d'une omelette au lard et d'un poulet sauté. Perchée sur son monticule et isolée de toute autre demeure, la maison apparaît sous un aspect étrange, et l'accès n'en est pas facile. D'un côté, la longue ligne de marécages au fond tourbeux qui s'étend de la Grande-Motte au moulin de la Roche, la sépare de la plaine et de tout chemin praticable; de l'autre, le cours sinueux du ruisseau, bordé d'aulnaies et d'une forêt de roseaux, en défend l'approche, que dissimulent encore de petits sentiers à peine visibles dans l'herbe des prés. La passerelle qu'il faut franchir, rustique et branlante, faite qu'elle est d'un seul tronc d'arbre mal assujetti, n'offre de plus au visiteur étranger qu'une sécurité hasardeuse. Puis, la Mauve, ici, a huit ou dix mètres de largeur, et les sources nombreuses qui l'alimentent, cachées au milieu des joncs, constituent, dans son voisinage, un autre danger des plus sérieux.

Ce point d'un abord qui leur semblait périlleux n'attira guère les Prussiens. Pendant toute la durée de leur séjour dans la région, la *Montagne* garda pour eux un air énigmatique et mystérieux, et ils se dispensèrent de l'occuper. Peut-être craignaient-ils de s'enlizer avec leurs chevaux — ce qui serait inévitablement arrivé, — s'ils se fussent engagés sur le sol mouvant des marais, sillonné de fossés, couvert de jonchaies touffues; ou bien redoutaient-ils d'être engloutis dans les fontaines qu'on y voit sourdre, à une très grande profondeur, et dont les berges trompeuses, creusées souterrainement, cèdent à distance sous le pas des marcheurs. Une fois ou deux seulement, quelques soldats vinrent explorer les lieux; mais ils rétrogradèrent devant l'hostilité que leur manifesta le chien du logis, « Pattes rousses », bête fameuse, à poil fauve, qui, sur le pont chancelant, leur montrait de terribles crocs et signalait leur présence par des aboiements furieux.

C'est dans ce refuge que s'entassèrent les femmes et les

enfants de la Renardière. Une cinquantaine de personnes se tenaient là, dans une pièce étroite, couchant sur la paille ou sur quelques matelas qu'on avait soin de descendre à la cave dès la pointe du jour. On vivait de croûtes de pain durcies, emportées dans la fuite et fraternellement partagées. Quand elles furent épuisées, il fallut attendre souvent de longues heures avant de pouvoir se procurer un peu de farine, qu'on pétrissait à la hâte et qu'on faisait cuire la nuit. Ce fut une aubaine, un soir, que la trouvaille d'un quartier de bœuf perdu dans les environs par les pourvoyeurs ennemis. Cinq ou six vaches étiques avaient bien été traînées jusque dans l'étable de la métairie; mais elles ne broutaient que des joncs desséchés, et leurs mamelles étaient taries.

Le 1er janvier surprit dans ce misérable campement toutes les ménagères du hameau qui, sans nouvelles de leurs maris, l'esprit agité de lugubres appréhensions, ne purent, à l'heure des effusions traditionnelles, qu'échanger leurs vœux pleins d'angoisse pour que luisent bientôt des jours moins sombres et que prennent fin les malheurs de la Patrie.

XVIII

JUSQU'AU FOND DE LA COUPE

Quand les deux armées belligérantes se furent éloignées
et que l'écho du canon, qui tonnait alors entre Vendôme
et Le Mans, ne se répercuta plus sur les bords de la Loire,
les campagnes orléanaises eurent quelque répit. Le pays était
encore occupé, mis en alerte par le passage incessant, dans
un sens ou dans l'autre, des troupes ennemies, mais les hor-
reurs des combats se déroulaient ailleurs et l'on en ressen-
tait une épouvante moins vive.

Peu à peu, les femmes de la Renardière osèrent reprendre
possession de leur logis. Elles le trouvaient absolument
méconnaissable, ouvert à tous les vents, sans portes et sans
volets, sans meubles même à l'intérieur : tout y avait été bouleversé, brisé ou brûlé ; les chambres étaient empuanties de
fumier et d'immondices, ignoblement salies par les cavaliers
et par leurs montures.

Les hommes aussi, plus rassurés, revinrent à leurs pénates,
le cœur navré des constatations qu'en chemin il leur était
permis de faire. Des chevaux abandonnés déchiraient de leurs
dents l'écorce des arbustes, et s'ils cherchaient, par instinct,
à suivre un détachement de cavalerie qui passait, deux ou
trois soldats les abattaient à coups de pistolet dans les fossés
de la route. Partout apparaissaient des propriétés ravagées,

des murs crénelés, des bâtiments dégradés ou incendiés; partout, sur le sol, étaient disséminés des débris d'armes et de matériel de guerre. A la porte des fermes se montraient des cultivateurs attristés et découragés qui, d'un geste pénible, indiquant les écuries vides, les étables et les bergeries entièrement dégarnies, envisageaient avec terreur la reprise de leur œuvre à la cessation des hostilités.

Deux mois encore les habitants de la région devaient être courbés sous le joug tyrannique du vainqueur et entendre résonner par intermittence, dans les rues de leurs villages, le lourd talon du soldat prussien. Mais d'autres calamités les vinrent assaillir et leur faire épuiser toutes les amertumes de la douleur. Fait incroyable d'abord, des familles allemandes, trafiquant d'un mercantilisme abject, avaient été appelées d'outre-Rhin, pour prendre part à la curée, et derrière les troupes, elles achevaient effrontément le pillage, s'emparaient des maisons inoccupées, y vivaient de rapines,

DE BISMARCK

(Cliché Société photographique de Berlin).

et proféraient des menaces insolentes de représailles en réponse aux timides observations des personnes lésées. Le droit du plus fort n'était-il pas la devise de Bismarck, et l'occasion ne devait-elle pas être mise à profit de pressurer impunément le vaincu? L'une de ces familles qui, comme des rapaces affamés, fouillaient les champs de bataille après le carnage, s'était installée en février à l'école même de Baccon, et dans la cuisine, sur la pierre du foyer, une femme rougeaude, aux cheveux en désordre, aux vêtements graisseux, aux façons et au langage tudesques, préparait sans vergogne les repas des siens avec le butin recueilli dans de louches explorations.

Les maladies, la variole surtout, que les Prussiens avaient propagée sur leur passage, ajoutèrent ensuite leurs maux à ceux de l'invasion. Les émotions successives, la frayeur et les alarmes répétées, les privations et les fatigues inouïes avaient ébranlé la santé de bien des gens, qui, sans moyens de se procurer les soins nécessaires, ne purent que difficilement se rétablir. — Puis l'hiver était terrible, d'une inclémence inaccoutumée; le froid sévissait avec une rigueur inconnue depuis longtemps; du 15 décembre au 10 janvier, la température descendait à des minima sibériens; le thermomètre, à Noël, marquait 25 degrés centigrades au-dessous de zéro. Les provisions de bois sec avaient été épuisées dès la première occupation; on ne trouvait de combustible nulle part, même pour le service des ambulances, et l'on était réduit à scier des arbres verts et à couper des futaies pour faire un peu de feu et ne pas grelotter jour et nuit. L'intensité de la gelée avait détruit tous les blés en janvier, la vigne allait subir le même sort au mois de mai : après la guerre, ce fut la famine qui menaça de ses atteintes les populations des campagnes beauceronnes.

Les cultivateurs du pays supportèrent avec courage ces terribles épreuves. Pour beaucoup, c'était la ruine, l'anéantissement du produit de leur travail depuis plus de vingt années. Les Pousse, de Vilsery et de Châtre, les Bouvet, de Gléneau, et tant d'autres, qui exploitaient leurs fermes depuis 1845 ou 1848, virent en quelques jours disparaître leur attirail de culture et, par là, le plus clair de leurs économies. Il leur fallut, à tous, une dose de philosophie vraiment admirable pour réagir contre le découragement et se remettre au labeur. Les terres avaient besoin d'un nouvel ensemencement, mais il fut difficile de se pourvoir de grain; on dut courir les foires éloignées pour acheter des chevaux et repeupler les étables, les bergeries, les basses-cours; les charrons et les forgerons furent mis en demeure de rafistoler à la hâte les instruments aratoires qui avaient échappé au désastre, et qu'on retrouvait détériorés, tordus ou brisés. L'activité que chacun déploya permit de préparer quand même, sur une certaine étendue de terrain, une récolte prochaine, très aléatoire d'ailleurs. Mais d'ici là, aucune ressource agricole ne pouvait améliorer la situation pénible du laboureur.

Pour l'ouvrier, l'artisan, le petit propriétaire cultivant lui-même son lopin de terre, le problème de l'existence fut moins facile à résoudre encore, et c'est miracle que, privés de tout gain et de tout revenu, les uns et les autres purent sans défaillance attendre des jours meilleurs.

La famille Dandreuil, que nous avons choisie pour montrer de quelle manière on vivait avant la guerre au village de la Renardière, ne fut pas la moins éprouvée par l'invasion. La maison qu'elle habitait, en face du château, fut comme celui-ci bombardée et trouée par les obus. Les Bavarois s'y embusquèrent le 9 novembre, en crénelèrent les murs et y résistèrent jusqu'au dernier moment. Par les fenêtres ouvertes, ils brûlèrent, abrités là, une quantité prodigieuse de cartouches, et aujourd'hui encore on y peut voir la trace des balles dans quelques boiseries pieusement conservées. Les Prussiens, à leur tour, s'y installèrent dès le 5 décembre et en firent, de par sa position sur le bord du chemin, à l'extrémité nord du hameau, comme un corps de garde, où toutes les troupes de passage vinrent prendre des renseignements et des mots d'ordre. On devine, dans ces conditions, combien elle fut pillée et en quel état de délabrement elle fut laissée à la fin de l'occupation.

Quant aux membres de la famille, bien que les mauvais traitements ne leur fussent pas ménagés, ils sortirent néanmoins sains et saufs de l'affreuse bagarre. Louis Dandreuil, l'ancien soldat d'Afrique, dut comprimer souvent la violence de ses sentiments d'hostilité à l'égard des Allemands; plus d'une fois la tentation lui vint, après avoir été malmené ou frappé, de saisir son revolver dans l'endroit où il l'avait caché, et de faire justice sur un soldat ennemi des maux intolérables dont souffraient tous les siens. La froide raison, pourtant, l'emporta sur la colère dans ces moments de surexcitation, et on n'eut pas à déplorer de ce côté un irréparable malheur. Aussi bien, Dandreuil préféra-t-il avec les autres habitants s'éloigner du village quand les troupes prussiennes en reprirent possession, sa femme et sa fille étant allées chercher un refuge à la *Montagne*. Lorsqu'il revint, tout était détruit dans son domicile, à l'exception cependant de son congé de libération du service militaire, encadré et accroché à une cloison : les Teutons maltraitèrent l'homme, mais ils eurent le respect du soldat, et leur vandalisme s'arrêta devant cette attestation du devoir patriotique autrefois rempli sur la terre africaine.

Jacques Dandreuil, qui, dès la première heure, avait pris part à la lutte avec toute l'ardeur de son jeune âge et de son amour du sol natal, fut fait prisonnier au mois d'octobre et dut subir une longue captivité en pays prussien. Il ne rentra en France qu'après la signature de la paix, pour entendre le récit des souffrances endurées au village et voir les ruines que la guerre y avait accumulées. L'épreuve douloureuse qui l'assaillit ainsi au sortir de l'adolescence ne fut pas du moins sans influence sur son éducation morale et civique : elle en fit, dans l'acception vraie de la langue, un homme, un citoyen et un patriote.

Aucune région de la France, croyons-nous, n'eut à supporter plus de maux que cette partie de la Beauce orléanaise qui fait l'objet de notre narration. Du 5 au 12 décembre, le territoire des cantons de Meung-sur-Loire et de Beaugency fut occupé par plus de cent mille soldats français et par un nombre au moins égal de soldats allemands, qui s'y heurtèrent les uns contre les autres dans une série de combats acharnés. Ces chiffres seuls, avec toute la suggestion qu'ils comportent, disent assez quel fut l'aspect lamentable du pays après le choc des armées, lorsque, comme les éléments d'un cyclone destructeur, fantassins, cavaliers et canons y eurent passé.

La commune de Baccon fut pour sa part complètement ravagée. Les premiers uhlans y étaient apparus le 1er octobre 1870, et ce n'est que le 14 mars 1871 qu'on en vit disparaître les dernières troupes ennemies, évacuant enfin les plaines de Beauce.

Pendant cette période néfaste — et notamment du 10 octobre au 9 novembre et du 7 au 21 décembre, — 12 000 Bavarois ou Prussiens y séjournèrent et marquèrent en tous lieux la trace odieuse de leur passage. Les deux écoles, à elles seules, furent occupées par 150 Allemands, les salles de classe transformées en écuries, les tables et les bancs cassés et brûlés, les tableaux de lecture et les cartes géographiques, tous les volumes de la bibliothèque classique, déchirés et foulés aux pieds des chevaux. Aucune maison particulière ne resta sans dommages et sans détériorations ; les murs en furent dégradés ou percés de larges brèches, les portes et les fenêtres forcées ou brisées, les clôtures des jardins sapées et détruites par les flammes. Cinq corps de bâtiments furent entièrement incendiés, douze autres totalement délabrés. Le clocher et la toiture de l'église furent criblés d'obus, les murs du cimetière démolis pour faire des barricades. Les objets mobiliers, la literie, les vêtements, disparurent en partie de chaque ménage, ainsi que dans les fermes les attirails de culture. Rien ne fut laissé des denrées comestibles, du bois entassé dans les bûchers, du vin conservé dans les caves, du grain emmagasiné dans les greniers, de la paille et des fourrages qui garnissaient les granges. Les bestiaux servirent presque tous de butin à l'envahisseur, qui tua les vaches et les moutons pour la nourriture des troupes, qui vola les chevaux pour le transport des bagages et des munitions.

L'instituteur, le maire, l'adjoint et nombre d'habitants ont été l'objet de sévices et de traitements ignominieux de la part des soldats ennemis, dont la brutalité fut souvent excitée par les chefs, — et c'est en vain que les victimes invoquèrent devant les officiers supérieurs ou généraux les droits imprescriptibles de la justice et de l'humanité : le paysan français, éconduit d'un ton impératif, n'était fondé jamais à se plaindre ou à protester.

Une contribution de guerre de 54 800 francs — dont 4 800 en argent et 50 000 en nature — fut imposée à la commune sur réquisition régulière de l'autorité allemande. Mais ce ne fut là, comme partout ailleurs, qu'une formalité dérisoire : on sait, en effet, que les *bons* prussiens ainsi délivrés n'eurent plus tard aucune valeur.

Les autres pertes, constatées sans réquisitions, s'élevèrent, d'après une évaluation faite à la fin de mars 1871, à 668 200 francs. C'est donc au chiffre de 723 000 francs qu'atteignit la totalité des dommages occasionnés par la guerre dans la localité.

Et si l'on considère que la commune de Baccon ne compte pas même 700 habitants, on voit que la part contributive de chacun d'eux dépassa mille francs dans le désastre de la Nation!...

XIX

AUX ALENTOURS DE BACCON

Notre récit ne serait pas complet si, après avoir raconté dans ses détails les plus caractéristiques l'histoire de l'occupation allemande à la Renardière et à Baccon, nous ne jetions un coup d'œil sur ce qui s'est passé dans le pays environnant. Mais nous ne croyons pas devoir nous étendre au delà des communes du canton de Meung-sur-Loire.

A Meung. — Plus d'un mois avant l'apparition des Prussiens, une panique que rien alors ne semblait justifier, s'empare d'un grand nombre de personnes, qui abandonnent la ville avec une partie de leur mobilier. Ce fut bien pis quand, le 21 septembre, conformément aux ordres de l'autorité militaire, on fit sauter le pont sur la Loire, qui donne accès, du côté gauche, à la route de Cléry. Ce jour-là, l'épouvante est à son comble, les départs se multiplient, les chemins sont encombrés de voitures et de piétons qui s'éloignent précipitamment dans un désordre indescriptible.

Ce n'est qu'une semaine plus tard cependant que trois uhlans, comme nous l'avons dit, osent s'approcher de la ville et viennent abattre, à cinq cents mètres de la gare, un poteau de la ligne télégraphique du chemin de fer, dix minutes après e passage d'un détachement de notre armée.

Ce hardi coup de main détermine l'envoi aux abords de Meung de 4 000 environ de nos soldats, qui vont occuper cette position jusqu'au 12 octobre.

La présence de nos troupes rassure quelque peu la population, et l'autorité locale en profite pour organiser la garde nationale : trois bataillons sont constitués et armés, qui se

ÉGLISE DE MEUNG-SUR-LOIRE

réunissent, s'exercent et décident de défendre la ville. Partout des postes sont établis, on veille jour et nuit, et au bruit des combats qui se livrent vers Artenay, on se prépare activement à la résistance. Le 9 octobre, les gardes nationaux se dispersent en tirailleurs dans les vignes et les champs avoisinants; mais quand, le 11, la nouvelle arrive de l'entrée des Bavarois à Orléans, quand on voit se retirer les troupes du général de la Motte-Rouge, l'ardeur martiale des patriotes de l'endroit s'attiédit subitement, et beaucoup rendent leurs armes, jugeant avec raison de l'impossibilité de la défense.

Les 25 cavaliers allemands qui entrèrent à Meung le 12 octobre, n'y furent par suite nullement inquiétés. Le chef fit demander le maire, et pour première réquisition exigea qu'un bon déjeuner leur fût servi, à lui et à ses hommes : l'estomac satisfait, ils se retirèrent annonçant pour le lendemain de plus nombreux visiteurs.

Le 13, en effet, 7 à 800 ennemis pénètrent dans la ville, s'y font héberger pendant trois jours et somment tous les habitants de leur remettre les armes dont ils sont détenteurs. C'est par un de ces soldats — on l'a vu dans un chapitre précédent — que fut tué le secrétaire de la mairie, M. Bénard, qui, passant devant un poste, n'avait pas répondu au « qui-vive » allemand de la sentinelle.

Le 15, à midi, le détachement évacuait la ville, mais jusqu'au 6 novembre, Meung ne fut pas un jour sans voir passer sous sa porte d'Amont, donjon du xvie siècle, les éclaireurs ou les pourvoyeurs du corps bavarois. Toutefois cette première occupation fut relativement bénigne; le particulier en souffrit peu, la ville seule dut fournir pour 24 000 francs de réquisitions de toute nature.

Le 9 novembre, les habitants en ouvrant leurs fenêtres, dès l'aube, furent agréablement surpris d'apercevoir des soldats français apostés à chaque carrefour. Sans que rien, la veille, le fît prévoir, le mouvement offensif de nos troupes avait délivré la ville de l'ennemi.

Après Coulmiers, ce sont nos régiments qui, fréquemment, défilent dans les rues de la petite cité. On les acclame, on les encourage, on leur prédit le succès. Mais bientôt, hélas! le 4 et le 5 décembre, on les voit revenir dans un pêle-mêle qui indique la retraite. Ils se replient sur Beaugency, où ils se reforment, puis viennent de nouveau prendre position aux portes de Meung et y attendre le choc des troupes allemandes.

Celles-ci ne tardent pas à apparaître, — et le 6, un premier engagement a lieu, dans les rues mêmes de la ville, entre les Bavarois et un corps de gendarmes à pied. Ces derniers sont repoussés, mais à leur tour, les soldats ennemis doivent abandonner la place sous l'action des mobiles d'Indre-et-Loire qui en reprennent possession.

Pendant ce combat, les Bavarois, fidèles à leur système de violation du droit des gens, s'emparent sans motif de deux otages dont la personnalité les offusque, M. Pombla, adjoint au maire, et M. Foucher, curé de la ville. Le premier est arrêté à la mairie, où il remplit civiquement les devoirs de sa charge, le second en pleine rue, où il relève pieusement les morts et les blessés. Emmenés à Orléans, l'un et l'autre y furent gardés prisonniers pendant trois jours et enfermés dans un poste infect, en compagnie de soldats prussiens subissant une punition disciplinaire. Pour justifier cette arrestation arbitraire, l'officier qui en donna l'ordre prétendit que, du clocher de l'église Saint-Liphard, on avait tiré sur ses hommes et épié de cet observatoire le mouvement des troupes bavaroises. Le fait était faux, mais il fallait intimider la population, jeter l'épouvante dans les esprits, et le pré-

GRAND-DUC
DE MECKLEMBOURG

texte trouvé, il devenait superflu d'en discuter la valeur.

Les journées des 7, 8 et 9 décembre, où la bataille se poursuit sur Baule, Beaugency, Messas, Cravant, Tavers, font éprouver à Meung des alternatives d'espoir et de douloureuse anxiété. A la fin de chaque jour en effet, les armées en présence conservent à peu près leurs positions, et jusqu'au dernier moment, le succès, d'un côté comme de l'autre, paraît être douteux. On s'en aperçoit quand le soir, harassés du combat, les Prussiens rentrent à la ville : irrités de ne pouvoir avancer, ils se montrent pour les habitants d'une exigence intolérable ; ils ravagent, pillent et incendient les maisons, frappent les personnes et les mettent à la porte de leurs demeures, commettent enfin des atrocités de toutes sortes.

Mais nos troupes doivent finalement se retirer, et pour Meung l'occupation prussienne va durer maintenant jusqu'au 15 mars. L'ennemi peut s'y ravitailler par les vingt moulins de la localité, et se procurer dans les tanneries les cuirs dont il a besoin.

Une dizaine d'ambulances sont ouvertes dans la ville à la suite des combats d'alentour, et elles ne reçoivent pas moins de 600 blessés. Celle de la Municipalité, qui a recueilli déjà les victimes de Coulmiers, est installée à l'Hospice et au Grand-Moulin, celle des Prussiens dans une aile du château, celle des

Bavarois à l'école des garçons. Beaucoup de particuliers, en outre, soignent et entretiennent dans leur propre habitation, deux, trois ou quatre blessés français ; le propriétaire du château, M. Bossange, en accueille pour son compte une vingtaine. Chacun se fait un devoir dans la mesure de ses moyens d'offrir son concours ; les hommes, les femmes, des jeunes gens de dix-sept à vingt ans, parmi lesquels on peut citer les deux fils Bossange, les frères René et André Chenesseau, Émile Couteau, etc., rivalisent de zèle charitable et d'admirable dévouement.

La ville de Meung, pendant la seconde occupation, eut à recevoir et à héberger, avec leurs états-majors, le grand-duc de Mecklembourg-Schwerin, le prince Frédéric-Charles et plusieurs généraux de division. Mais cet honneur peu enviable lui coûta près d'un million : le chiffre des dommages éprouvés par la commune s'éleva, en effet, à 964 700 francs. Huit corps de bâtiments furent incendiés, et un grand nombre, du côté de Baule notamment, dégradés, crénelés, en partie détruits par les projectiles ; l'usine seule de M. Pombla, approvisionnée de fers et de bois pour la construction des wagons, subit pour plus de 50 000 francs de dégâts.

Nombre de personnes ont été maltraitées. A *La Nivelle*, hameau de Meung-sur-Loire, un vigneron, Roger-Verger, âgé de soixante-huit ans, a la figure balafrée d'un coup de sabre, et le chef auquel il se plaint ne sait que rire de voir ce vieillard couvert de sang. — L'instituteur de l'endroit, M. Midy, est lui-même odieusement frappé. Le 8 décembre, à dix heures du soir, 20 cavaliers allemands heurtent violemment à la porte de l'école ; dès qu'elle est ouverte, ils envahissent avec leurs chevaux les salles de classe, qu'ils garnissent de paille, après avoir bouleversé et cassé les tables. Mais leurs montures attachées, il faut du cognac à ces soudards avinés déjà. Le maître n'en a pas, et il doit expier durement ce crime : pourchassé jusqu'au fond de la cave, à coups de pointe et de plat de sabre, il croit sa dernière heure venue et pousse des cris désespérés. Sa femme, accourue à son appel, implore en vain les forcenés qui, insouciants de ses larmes et de sa douleur, la repoussent avec brutalité. Le malheureux instituteur parvient enfin à se soustraire à leur fureur en se réfugiant dans le coin le plus obscur de son jardin, où il passe la nuit, tremblant et glacé. Quand le matin, après leur départ, il rentre à son domicile, il peut constater que, voleurs autant que barbares, ces reîtres du XIXᵉ siècle lui ont emporté sept chemises, trois caleçons, trois gilets de flanelle, un cache-nez et deux paires de chaussures.

Au Bardon. — La commune du Bardon a été occupée du 8 décembre au 3 janvier. Les combats livrés autour de Beaugency y eurent naturellement leur répercussion, et comme à Meung, c'est pendant la période de 8 au 11 décembre qu'elle eut le plus à souffrir de la présence de l'ennemi, quand les soldats revenaient à la nuit noire du champ de bataille, furieux de leur insuccès relatif et des pertes considérables que chaque engagement leur coûtait. Maîtres des caves, ils burent ou gaspillèrent dans le pays, pendant ces quelques jours, 1 054 hectolitres de vin, et souvent ivres pour la plupart épouvantèrent tous les habitants par leurs menaces et leur cruauté.

Parmi les personnes les plus maltraitées, nous pouvons nommer : Chevallier Jacques, vieillard de soixante-douze ans, frappé de coups de bâton; — Verger Jean-Louis, cinquante et un ans, à demi assommé à coups de crosse; — Rabier Théophile, quarante-deux ans, poursuivi à coups de marteau; — Mousseux Pauline, quarante-deux ans, souffletée; — Beaujouan Angéline, vingt-six ans, victime d'odieuses brutalités, et la veuve Foulon-Fortépaulle, cinquante ans, accablée de coups de poing devant un capitaine, qui se contente de dire : « C'est la guerre! » — L'opprimé d'ailleurs, quand il ose en appeler à un chef des indignités dont il est l'objet, n'entend jamais, pour toute consolation, que cette invariable réponse. Mais la guerre ainsi faite, n'est-ce pas le déshonneur et la honte pour une nation?

L'instituteur, M. Menard — car dans toute commune, c'est à ce modeste fonctionnaire surtout que l'Allemand témoigne son antipathie, — reçoit le 15 décembre, sous les yeux d'un officier, de nombreux coups de crosse, pour s'être permis de réclamer un seau qui lui a été volé. On charge les armes, on le couche en joue, et on le requiert ensuite de conduire à Chaingy, par des chemins de traverse qu'il ne connaît pas, un détachement de chasseurs bavarois. Il lui faut s'exécuter pourtant, et lorsqu'il hésite sur la direction à prendre, on le frappe de nouveau ; un général même le menace de l'emmener à Orléans et de l'y faire fusiller. Arrivé à destination, il peut toutefois, grâce à l'obscurité, s'échapper des mains de ses persécuteurs et s'enfuir à travers les vignes.

Le Bardon évalua ses pertes à 326 700 francs ; deux bâtiments y furent brûlés, trois maisons et un moulin à vent furent endommagés par les obus.

A Charsonville. — Bien qu'elle n'ait été le théâtre d'aucun fait de guerre important, cette commune n'a pas eu à souffrir moins que les autres de l'invasion allemande. Placée à deux reprises entre de grandes armées ou sur leur passage, le bourg servant de lieu d'étape sur la route du Mans, les réquisitions et le pillage, avant comme après les batailles, l'ont épuisée et presque ruinée.

Les premières exigences, au début de l'occupation, paraissent d'abord supportables ; mais elles se multiplient avec le séjour continuel des troupes, et à la fin d'octobre, puis en décembre, il devient à peu près impossible de donner satisfaction aux demandes impérieuses de l'ennemi, sans cesse renouvelées et de façon de plus en plus violente. Un grand nombre d'habitants sont dépourvus de toute provision et ne peuvent qu'à de longs intervalles se procurer le pain nécessaire. L'envahisseur se fait un jeu cruel de ces misères qui ne lui échappent pas : il a des vivres en abondance, mais pour que les pauvres gens ne profitent de son superflu, il gaspille et souille ce qu'il ne consomme pas.

A ces maux s'ajoutent l'arrogance des chefs, la brutalité des soldats, le mépris que les uns et les autres affichent pour le paysan beauceron. Aussi beaucoup de personnes, volées et rançonnées déjà, quittent-elles leurs demeures dans la crainte que les Allemands n'attentent à leur liberté et ne les traînent impitoyablement après eux, dans les convois de l'armée. Mais l'exode ne peut se prolonger indéfiniment : il faut revenir de ces terreurs, que tant de faits abominables justifient, et se résigner à subir jusqu'au bout les conséquences fatales de la situation, que nos revers successifs rendent de plus en plus intolérable.

On s'expose surtout, en rentrant chez soi, à d'indignes traitements. Des femmes sont repoussées du sabre et ensanglantées pour avoir défendu, l'une, le peu de bois qui lui reste, l'autre, le pain de ses enfants; une troisième, sur le point d'être mère et dont le mari se bat pour son pays, est appréhendée violemment, alors qu'elle cherche à ramasser du grain sous les pieds des chevaux, et jetée contre un mur où elle tombe sans connaissance. A toute heure de nuit ou de jour, des cavaliers arrivent inopinément qui enfoncent les portes, brisent les meubles et prennent plaisir à tourmenter les plus paisibles gens, comme si de tels excès devaient profiter à la gloire de la nation allemande!

Un vieillard de soixante-treize ans, Boissonnet Jacques, est frappé sans motif de coups de sabre sur la tête. Un jeune charretier, Touche Louis, âgé de dix-huit ans, a le bras traversé d'une balle et la poitrine effleurée d'une autre, le 7 novembre, jour du combat de Vallières : des éclaireurs bavarois explorent la localité; la rue est entièrement libre, rien ne met obstacle à la reconnaissance du lieu; mais à l'intérieur d'une maison quelques personnes sont réunies, et ce rassemblement paraît suspect à un hussard qui, sans provocation, tire sur le groupe et s'éloigne au galop.

Après la signature des préliminaires de paix, pendant l'évacuation, un honorable cultivateur, conseiller municipal, Gaillard-Déroussin, âgé de soixante-quatre ans, est maltraité avec plus d'ignominie encore. Des soldats hessois, excités par de copieuses libations et ivres plus d'à moitié, l'accusent faussement de les avoir menacés de son couteau : il vient de répondre, — c'est là son crime — que tous ses chevaux et toutes ses voitures ont été enlevés et qu'il se trouve dans l'impossibilité de satisfaire à leur nouvel ordre de réquisition. Cette affirmation déchaîne la colère des Allemands ; même ruiné, ce Français leur semble audacieux d'opposer à leurs exigences une fin de non-recevoir, — et se précipitant sur lui, le frappant de la crosse et de la baïonnette, ils le traînent à leur poste où ils le jettent, déchiré et meurtri, sur une botte de paille. Un lieutenant, qui a mandé l'instituteur, M. Bergeron, pour lui faire constater l'arrestation, accable de coups de pied le prisonnier et le force, devant ceux qui le martyrisent, à se tenir debout et découvert. C'est en vain que l'instituteur s'efforce de plaider la cause du malheureux, de se porter garant de son honorabilité, de la modération de son tempérament, qui rend douteux le geste qu'on lui reproche. Le lieutenant, qui parle couramment le français, ne le laisse pas achever. — « Vous devez croire sans réplique, s'écrie-t-il avec colère, en le menaçant du poing, ce qu'atteste un officier allemand. Je ne saurais tolérer qu'un chétif maître d'école français, dont l'instruction et les capacités ne peuvent être, par leur infériorité, comparées aux miennes, soit assez téméraire pour discuter un fait que j'affirme, comme représentant des troupes de Sa Majesté l'Empereur d'Allemagne ! » — Et furieux, le Teuton s'agite, vocifère, et commande un simulacre effrayant de prise d'armes pour charger la population du bourg qui, dans la rue, attend avec anxiété le dénouement de ce triste incident.

M. Bergeron n'essaie pas de troubler la jactance de ce Hessois blondin, presque imberbe, ni de contester sa prédominance intellectuelle, si orgueilleusement affichée. Mais il le supplie avec instance de rendre au captif la liberté, en l'assurant qu'une voiture et un cheval vont être mis à sa disposition. | « Soit ! dit enfin le jeune officier. Mais ce paysan, pour sa tentative de rébellion envers d'*honnêtes* soldats allemands, va conduire lui-même, et sans salaire, la voiture jusqu'à Orléans. » — C'était un moyen, honnête aussi probablement pour l'ennemi, de se procurer sans frais, au mépris des conventions de paix et comme en temps d'hostilités, un véhicule et un conducteur. Mais chacun néanmoins fut heureux, même à ce prix, de la délivrance du prisonnier, qui partit à la tombée de la nuit, les guides en mains, dans le plus piteux état.

Les pertes, ici, s'élevèrent à 258 700 francs ; une maison fut incendiée et beaucoup d'autres en partie dégradées.

A Coulmiers. — Le bourg de Coulmiers — 372 habitants — eut l'honneur, on le sait, de donner son nom à la bataille du 9 novembre qui, bien que malheureusement inféconde, n'en reste pas moins pour nous un franc et brillant succès, le seul de toute la campagne qui ne nous fût pas contesté. L'ennemi lui-même n'osa le nier ; l'état-major prussien ne chercha qu'à en rabaisser l'importance et l'ampleur, en n'attribuant à la journée que le caractère d'un combat (*Treffen*), et non celui d'une bataille (*Schlacht*), et en arguant de la disproportion numérique des troupes de part et d'autre engagées.

Sous la plume des Allemands, l'allégation nous paraît sans portée : on n'ignore pas, en effet, qu'à Wissembourg, par exemple, le gé-néral Douay fut écrasé par des forces six fois supérieures aux siennes ; — qu'à Frœ-schwiller, où chaque division française eut à combattre un corps d'armée prussien ou bava-rois, le maréchal de Mac-Mahon, avec quatre

MARÉCHAL
DE MAC-MAHON.
(Cliché Joliot).

fois moins d'hommes, lutta pendant une journée entière contre le prince royal de Prusse ; — qu'à Orléans même, les soldats du 5ᵉ bataillon de la légion étrangère, et leur brave commandant Arago, ceux des 5ᵉ et 8ᵉ bataillons de marche des chasseurs à pied, du 5ᵉ bataillon du 39ᵉ de marche, les mobiles de la Nièvre et les zouaves pontificaux, se batti-rent *un contre huit* (5 745 contre 45 000), avec *vingt-cinq* fois moins de canons (une seule batterie, la 18ᵉ du 10ᵉ d'artillerie, contre 152 pièces), — et von der Tann cependant dut payer chèrement son triomphe !

Baccon et la Renardière eussent pu, à bon droit, reven-diquer également la dénomination de la journée, car l'action, nous l'avons montré, y fut tout aussi chaude qu'à Coulmiers même. La question fut discutée, paraît-il, lorsqu'il s'agit de désigner historiquement la victoire de d'Aurelle de Paladines. Mais c'est à Coulmiers, après l'enlèvement du parc de M. de Villebonne, après l'assaut du village, que la retraite des Bavarois, commencée à Baccon et accentuée à la Renardière, devint définitive, et il était juste que l'éclat du fait d'armes rejaillît sur le nom de la localité où furent brûlées les dernières cartouches.

Coulmiers fut occupé, je l'ai dit, dès que von der Tann eut établi son quartier général à Orléans. Du 9 novembre au 5 décembre, 6 000 Français environ y bivouaquèrent ; puis les Prussiens s'y installèrent de nouveau et n'en disparurent que le 3 février.

La bataille n'y causa pas de dommages très importants. Les bâtiments publics souffrirent peu ; le bûcher de l'école fut seul démoli et le presbytère atteint par un obus.

Un grand nombre d'habitations particulières furent plus ou moins dégradées ; plusieurs eurent des murs crénelés, d'autres des portes et des fenêtres enlevées ; une écurie fut entièrement incendiée.

Mais les pertes, du fait de l'ennemi, furent autrement considérables, et montèrent à 278 000 francs.

Les Prussiens, aussitôt arrivés, envahissent l'école et logent leurs chevaux dans la salle de classe. Ils cassent les vitres, brûlent les tables, les cloisons, les panneaux des armoires, le pupitre du maître, volent une pendule et détruisent 240 volumes de la bibliothèque classique. Dans les maisons privées, ils brisent les meubles et les jettent aux flammes, ils font main basse sur les denrées et les vêtements à leur convenance. Dans les fermes, ils se livrent à un pillage effréné, s'emparent des chevaux et des voitures, du grain et des pailles, et entretiennent leurs feux de bivouac avec le bois des herses et des charrues. Ils frappent enfin la commune d'une contribution de guerre de 9 000 francs, sur lesquels on ne leur verse toutefois que 500 francs.

Comme ailleurs, leur inhumanité se donne pleine carrière

à l'égard de la population. Des hussards de Silésie accablent de coups de bâton un journalier qui passe et ne leur dit mot, Chartier Désiré, âgé de trente-trois ans ; des cuirassiers blancs poursuivent de leur fureur la femme Guérin, âgée de quarante-cinq ans, et lui fracturent un bras ; un fermier, Villette-Salmon, cinquante ans, reçoit de violents coups de pied.

L'instituteur, M. Sallier, est arrêté et gardé pendant quelques heures pour l'accomplissement d'un devoir de charité. Il soigne, le 6 décembre, à l'ambulance installée dans son école, 12 soldats français, malades ou blessés, quand un régiment d'infanterie prussienne prend possession du village.

Un médecin militaire qui vient, accompagné d'un chef, visiter les hommes protégés par la convention de Genève, déclare sans vergogne, après un examen superficiel de leur état de santé, que 10 d'entre eux doivent être faits prisonniers. Puis se tournant vers l'instituteur, abrité lui-même sous le pavillon de la Croix-Rouge, il l'accuse d'être un franc-tireur, de donner asile à des « brigands », le chasse brutalement de l'école et le fait emmener au quartier, où des fantassins le narguent et l'insultent. Mme Sallier, affolée à cette nouvelle, court au château de M. Villebonne où se trouve depuis quelques jours un officier prussien blessé, et c'est par celui-ci, satisfait des soins qu'on lui prodigue, qu'elle peut obtenir la délivrance de son mari.

A Epieds. — Les premiers éclaireurs ennemis paraissent en cette commune le 13 octobre. Deux cavaliers, l'après-midi, font le tour du village, puis se hasardent à en parcourir la rue principale ; à la nuit tombante, trois autres font la même manœuvre. C'est ensuite un va-et-vient ininterrompu de chevaux qui piaffent ou galopent, et au matin, une vingtaine de soldats, assurés que le bourg ne cache pas de gardes mobiles, griffonnent à la craie sur les portes l'inscription indicative des places pour la troupe qui approche.

A dix heures, en effet, arrive le 5e régiment de cuirassiers blancs, qui fait vider de tous bestiaux les écuries et les étables pour y loger ses chevaux. Quant aux hommes, ils s'installent en maîtres dans chaque maison, occupent les meilleures chambres, et ne laissent pas même un lit parfois à la disposition de la famille. Il va sans dire qu'ils mettent la main sur toutes les provisions alimentaires et qu'ils font une chasse acharnée aux basses-cours, en quelques instants dépeuplées.

Le deuxième jour, les menaces commencent. Des soldats ont découvert une vieille carabine en déplaçant une armoire, et le colonel envoie aussitôt un de ses officiers à la mairie pour réclamer les armes que possèdent les habitants de la localité. Il prévient le maire que si elles ne lui sont pas livrées avant cinq heures du soir, des perquisitions seront faites, et que là où l'on en saisira les maisons seront brûlées et les détenteurs emmenés comme prisonniers de guerre. Intimidés par ces ordres comminatoires, publiés à son de caisse, quelques pompiers rendent leurs fusils, qui sont emportés ou brisés.

On se croit délivré, après quatre journées de transes continuelles, quand le régiment part, se dirigeant vers Châteaudun. Mais à peine s'est-il éloigné qu'un fort détachement de cavalerie, venu d'Orléans, se présente pour des réquisitions d'avoine et de bestiaux; — et jusqu'au 8 novembre, journellement, le pays va être rançonné de la sorte.

Vers la fin de la première occupation, il devient dangereux de sortir de chez soi; d'une commune à l'autre les communications sont difficiles, et on risque, en quittant sa maison, d'être appréhendé par l'ennemi et forcé, comme voiturier, de suivre ses convois.

On est sans vivres certains jours. Le dimanche qui précède la bataille de Coulmiers, l'instituteur, M. Champdavoine, se décide à en aller chercher à Prénouvellon. Cinq cuirassiers bavarois, qui l'aperçoivent, courent sur lui et le poursuivent jusqu'au fond d'un hangar où il s'est blotti. Les pistolets armés, ils le poussent devant eux avec des intentions hostiles; mais ils reconnaissent pourtant qu'il n'a pas les allures d'un franc-tireur, et ils le relâchent en lui faisant rebrousser chemin.

Le 8 novembre, dans l'après-midi, les éclaireurs français font leur apparition sur le territoire de la commune, et quelques coups de fusil sont échangés entre les avant-postes. Il est impossible, vers trois heures, de franchir les lignes ennemies. Un journalier, Chapelain François, âgé de cinquante-cinq ans, qui revient du hameau de Favelles, approvisionné d'un peu de pain, et qui se dirige vers Cerqueux, où il réside, est tué par les Allemands, à coups de pistolet, à quelques centaines de mètres de sa demeure.

A quatre heures et demie, les enfants des écoles qui retournent chez leurs parents, sont pourchassés par des hussards, à travers les champs labourés, et frappés à coups de plat de sabre. Quatre d'entre eux, Manitan Joseph, Lenormand Damien, Leplâtre Camille, et Chardon Albert, âgés de sept à douze ans, doivent revenir au bourg, couverts de meurtrissures, et coucher à l'école; les autres, au nombre d'une vingtaine, ne peuvent regagner le domicile paternel qu'en faisant un long détour.

Le même jour encore, un cultivateur, Chardon Eugène, qui rentre chez lui, venant du hameau de Pressailles, est fait prisonnier, sous prétexte d'espionnage, et dirigé sur Versailles. Mais il peut, à Toury, tromper la vigilance de ses gardiens et recouvrer la liberté.

Le 9 novembre, dès huit heures, on entend le canon tonner au delà de Baccon : la bataille commence. Peu à peu le bruit se rapproche, et à onze heures et demie la canonnade et la fusillade ne discontinuent pas. Le gros de l'armée française est alors aux prises avec l'ennemi; le 16ᵉ corps, que commande le général Chanzy, a déjà dépassé le bourg d'Epieds, où des obus prussiens éclatent dans les rues, au grand effroi des habitants qui, sous leur toit, ne se trouvent plus en sûreté. Le général commandant l'artillerie de réserve, établie à un demi-kilomètre de là, sur la route de Cheminiers, donne l'ordre d'ailleurs d'évacuer immédiatement les maisons, afin que les mouvements de l'armée, en cas de retraite, ne soient pas gênés par la population.

C'est à ce moment un feu d'enfer, les obus tombent dru

comme grêle entre Epieds et Cheminiers; toutes les habitations sont abandonnées et chacun fuit sur Prénouvellon et Villamblain.

Mais bientôt les victimes du combat arrivent de toutes parts. La mairie, les écoles de garçons et de filles, l'église, le presbytère, des maisons particulières, des granges, sont successivement transformés en ambulances : le soir, cinq cents blessés y sont réunis, dont six bavarois seulement; trente-quatre y meurent des suites de leurs blessures[1].

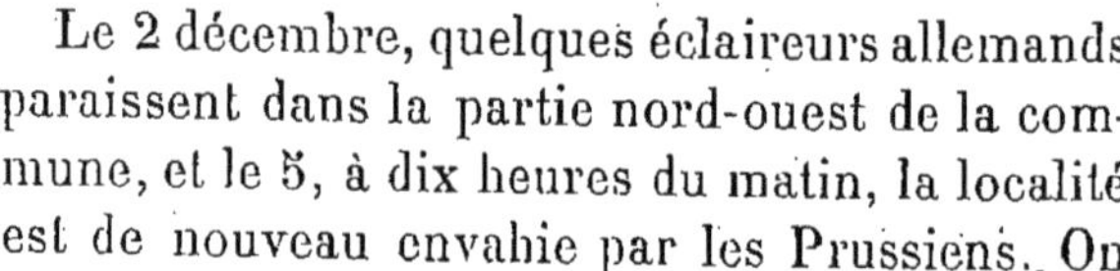

GÉNÉRAL
ABEL DOUAY

A la brune on apprend enfin que la victoire nous appartient, que l'ennemi est repoussé sur toute la ligne. La joie est grande, mais combien elle fut courte!

Le 2 décembre, quelques éclaireurs allemands paraissent dans la partie nord-ouest de la commune, et le 5, à dix heures du matin, la localité est de nouveau envahie par les Prussiens. On avait beaucoup souffert de la première occupation, mais ce n'était rien en comparaison de ce qu'on allait endurer.

Dans la soirée du 7, l'infanterie bavaroise, qui vient occuper le bourg, chasse des maisons presque tous les habitants. Deux officiers contraignent l'instituteur à descendre du premier étage et à étendre sur le parquet du rez-de-chaussée, pour prendre sa chambre et son lit, un garde mobile mourant. La salle de classe est envahie par 70 soldats qui la convertissent en corps de garde, couvrent le sol d'une épaisse couche de blé en gerbes, bouleversent le mobilier et détruisent en peu d'instants livres, cartes et tableaux.

Les réquisitions deviennent plus dures que jamais : chevaux, voitures, vaches, moutons, avoine, pain et viande,

---

1. Un monument a été érigé récemment, à leur mémoire, sur la place du bourg, par les soins de la commune et du *Souvenir Français*. Sur un socle de granit, où sont gravés les noms de ces 34 victimes, à qui fut réservé, du moins,

« Le bonheur de mourir dans un jour de victoire, »

un soldat de haute taille se dresse fièrement et, dans une attitude de défi, face à l'ennemi, serre convulsivement en ses bras le drapeau tricolore.

denrées de toute espèce, sont enlevés et volés par les Prussiens.

Et l'on ne peut, sans avoir à redouter leur brutalité, tenter quelque résistance. Le 9 décembre, l'instituteur surprend trois soldats bavarois qui vident chez lui une malle remplie d'effets et un sac de linge. Il veut les en empêcher : subitement irrités, deux le frappent et le bousculent, pendant que le troisième, armé d'une hache qui a servi à fracturer la malle, ne cherche rien moins qu'à lui fendre la tête. M. Champdavoine évite le coup et appelle au secours. Ses cris décident les pillards à se retirer, — mais non sans emporter ce qui leur est tombé sous la main.

Devant la souffrance et la douleur, l'ennemi se montre tout aussi impitoyable. Le 11 décembre, des soldats bavarois et prussiens emmènent des blessés et des malades français, dont quelques-uns sont mourants. Un officier fait lever à coups de cravache deux de ces malheureux. Le docteur Blanchard, médecin de la localité, a beau protester avec indignation contre le traitement ignominieux infligé à ceux que protège la Croix-Rouge et que défend le sentiment de la pitié. Le chirurgien-major auquel il s'adresse hausse les épaules, lui dit de se taire, et laisse froidement s'accomplir cet acte de cruauté.

Vers le 20, des hussards rouges entrent, furieux, à la mairie, et réclament impérieusement de l'avoine, disposés à tout saccager s'il n'est sur l'heure fait droit à leur réquisition. Le maire est à Orléans, et l'adjoint, M. Barrault, menacé d'une arrestation pour ne pas s'être prêté docilement aux exigences de l'ennemi, a dû prendre la fuite. L'instituteur n'a pas quitté son poste, mais il est malade et alité. Qu'importe! Les soldats se précipitent dans sa chambre, l'interpellent avec violence et lui intiment l'ordre de se lever ; il s'en faut peu qu'ils ne l'arrachent même de son lit. Le pauvre maître ne parvient à se débarrasser des forcenés qu'en leur livrant à regret les noms de huit habitants du hameau de Saintry, qui sont contraints, « pour le roi de Prusse », de battre de l'avoine pendant un jour et une nuit, sans qu'aucun repos leur soit permis.

Le 7 janvier, de nouveaux régiments prussiens occupent la plus grande partie de la commune et y font une dernière razzia. Des montres en argent disparaissent, une somme de 180 francs est enlevée de la caisse d'un clerc de notaire, 500 vieilles monnaies, d'une valeur numismatique de plus de 2 000 francs, sont volées à un collectionneur.

Et pendant que les moulins et les boulangeries sont journellement pillés, les pères de famille s'en vont la nuit, par des sentiers détournés, à 5 ou 6 kilomètres du bourg dans l'espoir de trouver quelque part du pain pour leurs enfants, qu'ils ne peuvent nourrir qu'avec de mauvaises pommes de terre dédaignées des envahisseurs.

La commune d'Epieds ne fut délivrée du joug des Allemands que le 11 mars. L'invasion lui coûta 401 600 francs; on y réquisitionna notamment 6 232 hectolitres d'avoine. Deux fermes, celles de Bordebuse et de la Thoderie, ainsi que la maison Pierre-Millet, furent entièrement incendiées le jour de la bataille.

A Huisseau-sur-Mauves. — Comme ceux de la Renardière et de Baccon, les gardes nationaux d'Huisseau, dans les rangs desquels se trouvent d'anciens soldats de Solferino, prennent la résolution, dès que le département du Loiret est envahi, de se tenir en armes devant l'ennemi. Le 1er octobre, ils marchent vers Rozières, avec l'espoir, qui ne se réalise pas, de barrer la route aux treize uhlans qui se sont avancés jusqu'à Meung pour couper les fils télégraphiques.

Le 10, prévenus de l'approche des éclaireurs allemands, ils se réunissent au son du tocsin. Une compagnie reste au bourg pour le défendre, s'il en est besoin; l'autre se dirige sur la Renardière et prend part, contre le détachement en reconnaissance, à l'attaque dont nous avons donné le récit, où un cheval est tué, plusieurs cavaliers blessés et un autre fait prisonnier.

Mais les représailles vont commencer. Trois jours plus tard, quatre-vingt-deux uhlans envahissent le bourg et menacent de le brûler. Ils dévalisent les épiciers et exigent une livraison importante d'avoine, de pain et de liqueurs. Le lendemain, vingt-cinq autres réclament les armes qui sont aux mains des gardes nationaux; sur 136 fusils, 19 seulement leur sont remis, qu'ils brisent immédiatement. Le maire, M. le marquis de Bizemont, ayant opposé un refus catégorique à l'ordre de réquisition qu'ils lui présentent, ils pillent les cafés, les boutiques et les magasins, et en s'éloignant, mettent à sac, sur leur chemin, les fermes de Deure, de la Leu et de Villard.

Le 15 octobre, la 2ᵉ division de cavalerie, commandée par le général-lieutenant comte von Stolberg, vient occuper la commune. L'état-major prend possession du château; un bataillon de chasseurs bavarois, fort de onze cents hommes, s'installe dans les maisons du bourg; les régiments de cavalerie, deux de uhlans, deux de hussards et un de cuirassiers blancs, vont camper dans les fermes voisines; deux batteries d'artillerie s'établissent aux hameaux du Rondeau et du Cas-Rouge.

Le jour suivant, les officiers supérieurs examinent en conseil le cas de l'instituteur, M. Masson, qui est accusé par eux d'avoir commandé le feu dans la rencontre de la Renardière. Bien que les preuves fassent défaut, ils s'apprêtent à le condamner, quand l'intervention de la cuisinière du château, de nationalité allemande, lui apporte un salut inespéré : elle affirme, en effet, devant ceux qui le jugent que des patrouilles seules ont été organisées par lui dans la localité pour assurer l'ordre public, et on décide de le laisser libre, en le soumettant toutefois à une rigoureuse surveillance.

Chaque journée amène son incident. Le 17, le maire et son frère — ce dernier capitaine de la garde nationale — sont arrêtés et enfermés dans leurs chambres : on les soupçonne d'entretenir, à Blois, des intelligences avec des officiers français. Puis, on a découvert chez eux des panoplies, des armes de chasse, — et le motif est suffisant pour que leur château soit livré au pillage.

Le 26, pour un mauvais fusil trouvé dans sa vigne, Griveau Charles, cultivateur, âgé de trente-deux ans, est garrotté et roué de coups; un journalier, Mallet Désiré, vingt-quatre ans, qui travaille avec lui, partage le même sort. Tous deux sont emmenés comme prisonniers et doivent pendant un mois subir les fantaisies cruelles de l'ennemi.

Bien d'autres personnes, du reste, peuvent inscrire leur nom au martyrologe local. Un fermier, Poisson Eugène, trente-six ans, est serré de liens et, commodément ainsi, les Bavarois assouvissent sur lui leur brutalité; un autre, Leflocq-Thauvin, quarante-huit ans, après avoir été battu à différentes reprises par des artilleurs, est plongé dans l'eau et presque noyé; un troisième, Lacroix-Thauvin, du même âge, aussi maltraité, essuie finalement un coup de feu qui lui enlève une phalange; un marchand, Couté, cinquante-deux ans, est frappé du sabre, et son fils, dix-neuf ans, qui veut prendre sa défense, a la main mutilée et un doigt emporté d'un coup de lame.

Le 9 novembre délivra Huisseau de l'occupation bavaroise. Le général von der Tann, inexactement renseigné et croyant que l'action principale se déroulerait presque sur les bords de la Loire, y avait concentré son aile gauche dans de fortes positions. Mais la partie ouest de la commune se trouva seule comprise dans le champ de bataille. Dès le matin, l'ennemi abandonna Préfort devant la brigade Rebillard, et en se retirant sur les bois de Montpipeau incendia, comme nous l'avons dit, la ferme de Villard, qu'il avait entourée de travaux défensifs. — Le soir, nos régiments allumaient leurs feux de bivouac, près de là, sur le plateau du *Haut-de-César*, à l'endroit même où dix-neuf siècles auparavant avaient campé les légions romaines.

Les Prussiens revinrent au bourg le 5 décembre et, jusqu'au 17 janvier, y poursuivirent les habitants de leurs nouvelles exigences et de leurs impitoyables duretés. Le long séjour du comte von Stolberg et de sa division de cavalerie avait épuisé déjà la commune; les troupes du prince Frédéric-Charles achevèrent la ruine. Après le départ des Allemands, les cultivateurs et les particuliers ne purent, faute d'attelages et de grain, ni labourer ni ensemencer les terres. On leur avait enlevé 101 chevaux, 335 vaches, 1 405 moutons,

2 824 hectolitres de blé, 1 185 hectolitres d'orge, 8 702 hectolitres d'avoine, etc., — et le total des réquisitions, des vols,
des dommages de toute nature qu'eut à supporter le pays,
s'éleva au chiffre énorme de 947 800 francs.

A Rozières. — Cette petite commune — 242 habitants —
est occupée dès le 11 octobre par les troupes bavaroises, et
jusqu'au 9 novembre, elle doit héberger, à
tour de rôle, les 12ᵉ et 13ᵉ régiments d'infanterie, le 7ᵉ bataillon de chasseurs à pied et
le 4ᵉ régiment de cuirassiers blancs. Le poste
est installé à l'école et tout ce que contient
la salle de classe, tables, horloge, placards,
livres, cartes et archives, ne tarde pas à être
enlevé ou détruit. Un buste de l'empereur
Napoléon III — que la gratitude allemande
n'aurait pas dû pourtant méconnaître, — n'est

PRINCE
FRÉDÉRIC-GUILLAUME
(Cliché Société
photographique de Berlin).

même point épargné : des soldats iconoclastes le descendent
un jour de son socle et le réduisent en miettes. Le mobilier
personnel de l'instituteur est brisé, brûlé ou détérioré; sa
literie, son linge, ses vêtements disparaissent sans qu'il en
reste trace.

Situé entre Coulmiers et Gémigny, le bourg de Rozières
n'eut pas à souffrir en quelque sorte de la journée du 9 novembre, bien que, de tous côtés, la bataille le frôlât de près.
L'écho seul, assourdissant et terrible, s'y répercuta de l'assaut acharné de Coulmiers, — de la canonnade épouvantable
dirigée contre les escadrons du général Reyau, imprudemment
engagés, par les six batteries bavaroises établies à Gémigny
et à Saint-Sigismond, — et de la fusillade crépitante, à Cheminiers et à Champs, de la division du contre-amiral Jauréguiberry, prenant, évacuant, puis enlevant définitivement ces
positions dans un irrésistible élan. Dans la soirée, Rozières fut
témoin de la retraite de l'ennemi, s'effectuant en désordre sur
Saint-Péravy et Patay, et vit passer par-dessus son clocher
nos innombrables obus, allant se perdre inutilement dans les
bois du Buisson.

Du 11 novembre au 2 décembre, la 2ᵉ division d'infanterie du 16ᵉ corps bivouaque sur le territoire de la commune. Le général Barry, qui commande cette division, occupe, pendant ces trois longues semaines, la chambre même de l'instituteur. Combien, inactif et désœuvré, dut se morfondre là, dans ce petit village perdu au milieu des bois, l'intrépide soldat qui, le 9, descendu de cheval, entraînait héroïquement les mobiles de la Dordogne à l'attaque du parc de Coulmiers, en leur jetant ce cri patriotique : « Venez avec moi, mes enfants!... En avant! Vive la France!... »

Les Prussiens revinrent à Rozières le 4 décembre et y restèrent jusqu'au 1ᵉʳ janvier. La population fut rançonnée par eux de ses dernières ressources; les pertes qu'elle éprouva se chiffrèrent par 115 900 francs.

Il va sans dire que les habitants eurent à subir, là aussi, d'indignes traitements; un cultivateur, Cramonne Jean-Baptiste, vingt-six ans, fut en particulier l'objet de nombreux sévices. Mais le fait le plus odieux se passa pendant la période d'évacuation, alors que les traités mettant fin aux hostilités devaient rendre plus sacré à nos ennemis le respect des personnes.

Le 9 mars, un détachement de 300 hommes — 120 cavaliers et 180 fantassins, — vient loger dans le village. On l'accueille sans mauvaise humeur, en donnant strictement satisfaction aux lois de l'hospitalité. Le lendemain matin, un sergent-major de la 4ᵉ compagnie du 3ᵉ régiment d'infanterie hessoise demande au maire un cheval et une voiture pour transporter jusqu'à Chevilly des soldats malades. — Le magistrat municipal est fort embarrassé, car tout a disparu de sa commune. La pitié aidant, il découvre pourtant une maigre haridelle qu'on attelle tant bien que mal à une carriole disloquée. Mais sur ces entrefaites arrive un officier de cavalerie qui, sans explications, s'empare du véhicule et s'éloigne.

Quand le sergent, un quart d'heure plus tard, revient et apprend le fait, il entre en une colère indicible et se met à frapper toutes les personnes présentes. Deux spectateurs attirés par le bruit, la veuve Lavollée, soixante ans, et Pellé

François, soixante-douze ans, sont à demi assommés. Le maire, M. Leplastre Henri, soixante-sept ans, est bousculé, jeté à terre et meurtri du talon de la botte; devant l'impossibilité où il se trouve de procurer une autre voiture, les brutalités envers lui redoublent de violence, de raffinements inhumains.

Cependant la rage du *feldwebel* hessois n'est point encore apaisée : il court à l'école et rend responsable de l'incident l'instituteur, M. Bourgeois. De deux coups de poing formidables, il lui ensanglante le visage; d'un autre, assené en pleine poitrine, il le précipite contre une porte, et d'un coup de pied dans les reins, il l'envoie à dix pas de là rouler sur le sol. Puis, cet exploit accompli, le sergent, accompagné d'une trentaine d'hommes qui forment l'arrière-garde du détachement, quitte la place, toujours exaspéré, en injuriant la France et le paysan français....

A Saint-Ay. — Du 12 octobre au 9 novembre, la commune de Saint-Ay fut occupée par 2 500 Bavarois; 1000 Prussiens y séjournèrent ensuite du 6 décembre au 3 janvier, et 200 hommes enfin y restèrent en permanence jusqu'au 15 mars.

Dès leur arrivée, les ennemis, coutumiers du procédé, usent de l'intimidation et se montrent d'une exigence excessive. Ils sont nombreux, et ils ont quatre canons qu'ils promènent ostensiblement pour chasser de l'esprit des habitants toute idée de résistance efficace. L'école de garçons est transformée en corps de garde; plus tard, elle deviendra un magasin d'approvisionnements.

Le jour même de l'apparition des Bavarois commence d'ailleurs la série des atrocités. Un notable commerçant du pays, Masson Jules, âgé de trente-cinq ans, est accusé faussement par des dragons d'avoir tiré un coup de feu sur un des leurs. Arrêté sous ce prétexte, il est frappé à maintes reprises, garrotté, puis attaché à un arbre de la place publique, près duquel des soldats veillent, menaçants, le sabre nu. Instruit du fait, l'instituteur, M. Petitberghien, accourt et veut intervenir. A son tour, il est poursuivi, atteint, brutalisé, violemment serré à la gorge et gardé au pied de l'arbre où se lamente la victime. S'il ouvre la bouche pour protester contre de tels sévices, indignes de soldats civilisés, on la lui ferme à coups de poing. Ce n'est qu'au bout d'une heure, après avoir pris le parti de se taire, qu'on le relâche enfin; mais le père de famille qu'il a cherché à défendre passe la nuit entière retenu dans les liens qui lui coupent les chairs. Le lendemain, les ennemis le traînent à leur suite, et vont le fusiller, quand une dame courageuse, bravant les insultes de la soldatesque, se jette dans les rangs, implore un chef et obtient de lui, par ses supplications, l'élargissement du prisonnier.

Les actes de sauvagerie se multiplient ensuite, et pas une journée ne s'achève sans être marquée de quelque scène ignominieuse. Comme partout, et plus qu'ailleurs peut-être, à cause des libations auxquelles les incite le vin capiteux du cru — que déjà vantait Rabelais, — les Bavarois donnent libre cours à la rudesse impitoyable de leur tempérament : ils ont l'ivresse furieuse et sanglante. C'est le pistolet au poing qu'ils franchissent le seuil des maisons pour y exercer leurs rapines, — et malheur à qui tente de leur résister ! Une jeune femme, qui va être mère, est poussée au poste, la crosse au dos, pour n'avoir pas livré le peu de charbon qui doit réchauffer son enfant; une autre, Allard-Garnier, vigneronne, trente-cinq ans, est injuriée et frappée du sabre; une pauvre vieille, la veuve Degrigny, soixante-quinze ans, qui n'a pas ce que lui réclament des soldats du génie, a le visage meurtri et labouré de coups de chaise. Un propriétaire, Foucher-Allard, soixante-quatorze ans, est précipité dans sa cave : transporté à l'hôpital d'Orléans, il y meurt des suites de ses blessures. Un autre vieillard, infirme, Michon Étienne, soixante-dix ans, est renversé, piétiné, et succombe également aux violences dont il a été l'objet.

Il est un fait, enfin, plus révoltant encore de féroce brutalité, que nous ne saurions passer sous silence, malgré toute l'horreur qu'il inspire.

Dans un village peu éloigné du bourg habite la famille Griveau, composée du père et de la mère, vignerons honnêtes et inoffensifs, et de trois filles, couturières, âgées de trente-trois, de vingt et de quinze ans. Le 17 octobre, des hussards verts prussiens viennent occuper la localité, et Griveau doit en héberger plusieurs, qui soupent gaiement et invitent à boire, aux frais de leur hôte, deux camarades logés chez le voisin. À dix heures, les jeunes filles, sans défiance, se retirent dans leur chambre, à laquelle donne accès un escalier ouvrant sur la cour. Un peu plus tard, les soldats se séparent, mais ceux qui sont venus du dehors font le siège de cette chambre et s'y introduisent. Les enfants Griveau, épouvantées, cherchent à fuir; la plus jeune réussit à s'échapper, la cadette se blottit sous un lit; quant à l'aînée, Julienne, qui intime inutilement aux reîtres avinés l'ordre de sortir, elle engage contre eux, dans l'obscurité, une lutte inouïe et désespérée. La pauvre fille, meurtrie, ensanglantée, est presque étranglée par les forcenés, qui lui serrent la gorge et veulent étouffer ses cris. Le père, accouru pour la défendre, avait été précipité du haut en bas de l'escalier. Lorsqu'il revient, accompagné d'un brigadier qui a consenti à le suivre, il trouve les barbares acharnés sur leur victime. Son enfant, inanimée, est dans un état horrible, les cheveux arrachés, la figure tuméfiée, noire de coups; le sang coule de mainte blessure, le corps tout entier porte l'empreinte des talons de bottes.... Le lendemain, les hussards quittaient le village, et ce crime ignoble resta impuni.

Le général von der Tann, qui vint à Saint-Ay quelques jours après, avec des officiers de son état-major et un médecin d'ambulance, se rendit compte par lui-même de la véracité des faits et se contenta d'en exprimer ses regrets. — « Je suis heureux, dit-il, qu'un acte aussi odieux ne soit pas imputable à mes propres soldats.... » — Mais la conscience publique ne fut pas soulagée d'apprendre qu'il eût poursuivi et châtié les coupables.

La population de l'endroit fut en butte, comme ailleurs — il devient superflu de le dire, — aux exactions et aux spoliations les plus éhontées. Nombre de petits ménages surtout furent ruinés par l'enlèvement des quelques bestiaux dont ils tiraient leur unique profit, par le pillage de leurs caves et la destruction des objets qu'ils y avaient cachés. Le chiffre total des réquisitions, des dégâts et des pertes, s'éleva, pour la commune, à 358 600 francs.

Les habitants eurent à souffrir, en particulier, du manque de combustible. Les Prussiens savaient faire du feu, et après avoir épuisé toutes les provisions de bois sec, ils brûlèrent les échalas des vignes, les portes et les volets des bâtiments; les meubles mêmes y passèrent. On dut abattre des arbres et couper des taillis pour se garantir du froid.

Et à Saint-Ay, comme dans toute la région, le souvenir reste vivace des souffrances endurées pendant cette lugubre époque qui s'appelle l'*invasion*....

XX

UN BILAN SUGGESTIF

Les nombreux faits de guerre dont l'Orléanais fut le théâtre, du mois de septembre 1870 à la fin de mars 1871, ont porté la ruine et la désolation dans tous les foyers. Que de familles ont vu disparaître en quelques semaines, si ce n'est même en un seul jour, ce que de longues années d'un labeur incessant, d'une étroite économie, leur avaient permis d'amasser! Que de villes et de bourgades, où tout respirait l'aisance et le bien-être, furent dévastées et pour longtemps appauvries! Que de deuils semèrent partout le meurtre prémédité et l'œuvre ininterrompue des pelotons d'exécution!

Le canton de Meung-sur-Loire, auquel se circonscrit notre récit, fut ravagé, on l'a vu, dans toute son étendue : pas une commune, pas un hameau, pas une habitation n'échappa au désastre. Pour une population de 9 706 habitants répartie sur son territoire, d'une superficie de 19 951 hectares, les pertes résultant de l'invasion — d'après les chiffres que nous avons donnés et qu'une évaluation ultérieure n'a fait que confirmer, — s'élevèrent au total fantastique de 4 375 000 francs.

L'arrondissement d'Orléans, qui comprend 14 cantons, eut à supporter, pour sa part, 32 388 000 francs de dommages, et le département du Loiret tout entier, 50 840 000 francs[1].

---

1. Nous empruntons ces chiffres au remarquable rapport dressé par l'Inspecteur d'Académie d'Orléans, M. Guiselin, dès que le dernier Prussien eut évacué la région.

Les monuments publics, mairies, écoles, hospices, églises et presbytères, non compris les ponts sur la Loire, partiellement rompus à Beaugency, à Meung, à Jargeau, à Gien et à Sully, subirent des dégâts cotés à 600 000 francs.

Mais la perte fut autrement importante pour les bâtiments privés : elle dépassa 2 850 000 francs. 303 châteaux, maisons, fermes, granges ou écuries, furent brûlés, — 1 384 habitations particulières, plus ou moins dégradées.

Et il ne faut attribuer aux nécessités de la guerre, aux travaux exigés par l'attaque ou la défense, au bombardement et aux combats, que le quart à peine des incendies allumés dans le Loiret. Partout ailleurs, la dévastation fut cyniquement systématique. Pour de prétendues études stratégiques, ou simplement pour que leurs soldats ne fussent pas désœuvrés, les officiers prussiens faisaient créneler les maisons, démanteler les clôtures, couper les arbres des parcs et des jardins. Sous le prétexte, incessamment réédité, que les habitants avaient osé se défendre, ou que le village avait abrité des francs-tireurs, ils faisaient enduire de pétrole meubles et boiseries, et froidement, par esprit de vandalisme, y mettaient le feu de leur propre main : feu de joie, autour duquel les Allemands chantaient des *lieder* en fumant leurs longues pipes, — bûcher aussi parfois, où ils incinéraient leurs morts pour en dissimuler le nombre, où même, avec une sauvagerie à laquelle on voudrait ne pas croire, ils brûlèrent vifs deux ou trois malheureux.

Dans la somme totale des dommages indiquée plus haut, les pertes mobilières entrent pour 23 140 000 francs et les réquisitions proprement dites, en nature ou en argent, pour 24 250 000 francs. Ces chiffres énormes n'ont rien qui puisse surprendre. Nous avons assez montré comment procédaient les Prussiens, pillant et saccageant les maisons de fond en comble, emportant tout ce qui leur convenait, détruisant le reste, ou faisant prendre le chemin de l'Allemagne aux pendules et aux cartels, aux terres cuites et aux bronzes d'art, aux meubles de style, aux porcelaines de prix, aux potiches de Chine ou du Japon, aux chevaux même et aux voitures de luxe.

Et l'Allemand, fureteur à main armée, sait dépister les cachettes. Tout ce qu'il y découvre, bijoux, dentelles, vêtements, objets de lingerie, couvertures, matelas, s'engouffre dans le sac des soldats, dans les chars des convoyeurs, dans les fourgons d'officiers, dans les voitures d'ambulances. Le pauvre comme le riche sont à sa discrétion ; il vole la dernière chemise et le dernier sou d'un cantonnier, aussi bien que les chaudes fourrures et les bottes à l'écuyère d'un châtelain. Ce qu'il ne peut enlever, ce qui ne lui peut servir, méchamment il le brise ou le lacère. Dans les caves, après s'être gorgé jusqu'à l'ivresse, il défonce les tonneaux pleins et laisse inutilement se répandre le vin sur le sol. Chez un négociant, un capitaine, sans autre nécessité que celle d'affirmer la priorité de la force sur la légitimité du droit, déchire les livres de commerce, les billets à ordre, les factures, et se rit de l'embarras du marchand qui voit anéantie toute sa comptabilité. — A la Renardière, après le départ des Prussiens, on trouve dans les granges et les étables une quantité considérable de papier timbré, provenant du pillage, absolument sans profit pour l'envahisseur, de quelque important bureau des domaines et de l'enregistrement.

Les réquisitions donnent lieu à toutes les vexations et à toutes les violences. Elles s'opèrent presque toujours en dehors des municipalités, de la façon la plus éhontée : ce sont des vols au grand jour, accomplis le sabre en main, — avec des injures, des menaces et des coups, si l'on s'avise de protester, de parler d'épuisement ou de dénûment. A quoi sert, du reste, cette quittance factice délivrée quelquefois par les chefs de détachements? Eux-mêmes se divertissent de la dérision de ce *bon* tiré sur leur souverain ; ils trouvent plaisant d'y griffonner, en allemand, les mots les plus grossiers de leur vocabulaire, ou les lourdes facéties de leur esprit germain : *« valable pour une promenade au Thiergarten, — pour une audience à Potsdam.... »* Mais le soldat prussien veut vivre largement sur la terre française, et il lui faut de tout en abondance : du pain tendre, de belle et bonne viande, du vin, du café, de l'eau-de-vie, des liqueurs, des vêtements épaissement étoffés, des

chaussures solides et imperméables; l'officier, lui, veut être
amplement approvisionné d'excellents havanes, de caisses
de bougie, de pains de sucre, de litres de cognac, de paniers
de vieux vin. Le prince Frédéric-Charles donne l'exemple
d'ailleurs : celui-là boit copieusement, et chaque jour, pour
son usage personnel et celui de ses aides de camp, il n'exige
pas moins de 80 bouteilles des meilleurs crus et de 50 autres
de champagne.

Aussi bien, il a le vin terrible, ce buveur pantagruélique.
Un soir, on lui rapporte, à table, qu'un charretier allemand,
qui n'a du soldat ni l'uniforme ni la qualité, a été blessé
légèrement à l'épaule, par un Français, dans un quartier
mal fréquenté d'Orléans. La question d'une amende est
aussitôt agitée. — « Six mille francs! Soixante mille! Six
cent mille! » proposent à l'envi les convives. — Le prince
tient le pari pour ce dernier chiffre. Et la ville d'Orléans, qui
avait dû payer déjà au général von der Tann une contribution de guerre d'un million, puis aux Prussiens une somme
de 100 000 francs pour la fourniture de 5 000 paires de bottes,
fut condamnée à verser dans les vingt-quatre heures, sans
qu'on lui fît grâce d'un centime, cette amende inique de
600 000 francs, pour l'égratignure d'un convoyeur aviné qui,
vraisemblablement, s'était pris de querelle, dans un cabaret
mal famé, avec un de ses camarades de même acàbit!

Une autre fois, quinze jours avant l'armistice, alors que
partout l'épuisement est complet, il plaît au prince Frédéric-
Charles sans raison sérieuse d'imposer chaque habitant du
Loiret de 50 francs dans les villes et de 25 francs dans les
campagnes. C'était, de ce chef, pour le département, une
nouvelle contribution de près de 12 millions. La suspension
des hostilités permit cependant à la population d'éviter cette
charge écrasante.

Les réquisitions prussiennes, il importe de le redire, ne
vont jamais sans être suivies d'actes de cruauté, de scènes
violentes et souvent tragiques. La consigne du soldat allemand est de se montrer impitoyable, et fidèlement il s'y con-
forme et l'interprète dans son sens le plus rigoureux. A la

moindre observation, il dégaine et frappe ; si l'on n'obéit pas à ses outrecuidantes injonctions, il arrête, il emprisonne, il fusille.

Dans le Loiret, 40 maires et 25 curés ont été plus ou moins maltraités ; 987 hommes ou enfants et 46 femmes ont été blessés ou battus ; 83 hommes et 5 femmes ont été tués ; 2 ou 3 hommes ont été brûlés vifs, et 23 femmes ont été l'objet d'inqualifiables brutalités, parfois, comme à Saint-Ay, avec des circonstances atroces. L'énumération est-elle assez éloquente pour glorifier la nation allemande, — ou assez longue pour la stigmatiser ?

Plus que personne enfin, les instituteurs ont souffert des maux de la guerre. Pour l'Allemand, l'instituteur français, c'était surtout l'ennemi ! Très fiers du rôle éducatif attribué à leur *schulmeister* dans la campagne de Sadowa, les Prussiens accablèrent les maîtres de nos écoles de mépris et de dédain ; ils les abreuvèrent d'humiliations et d'injures, les poursuivirent sans relâche de leurs tracasseries et de leurs vexations ; ils les rendirent responsables, comme secrétaires de mairie, dans la plupart des communes, de la résistance opposée par les populations à leurs exigences ruineuses, de l'hostilité, bien que passive, le plus souvent, qu'ils rencontraient au fond des campagnes, des attaques dirigées par les francs-tireurs contre leurs détachements en reconnaissance, des incidents journaliers, en un mot, que provoquait partout leur passage sanglant et destructeur, — et cette responsabilité se traduisait à l'égard des modestes fonctionnaires par des violences inouïes et d'injustifiables représailles.

Les locaux scolaires furent en maint endroit — on l'a vu pour ceux du canton de Meung, — saccagés et dévastés, les mobiliers cassés et brûlés, les registres lacérés, les archives détruites, les livres jetés sous les pieds des chevaux. — Dans le département, 315 écoles ont été occupées par les Prussiens et 112 par les Français ; 87 l'ont été successivement par les deux armées. Il y a été installé 172 ambulances (113 françaises et 59 prussiennes), qui ont reçu 9 932 soldats blessés ou malades, dont 4 991 français et 4 941 allemands.

Cette occupation entraîna pour les instituteurs une perte personnelle d'environ 140 000 francs. Beaucoup ne purent rien sauver de leurs propres meubles, de leur literie, de leurs provisions, de leur argent même. La rapacité prussienne, pour reconnaître les lois de l'hospitalité, les dépouille souvent du paletot ou de la redingote qu'ils portent sur eux; le contenu des armoires et des secrétaires, le linge de la famille,

MONUMENT DE LA DÉFENSE
(Orléans.—Desvergnes, sculpteur.)

les vêtements des femmes et des enfants, les souvenirs et les objets que l'affection rend précieux, les fournitures classiques, jusqu'à la mercerie des petites filles, tout cela s'entasse dans les fourgons de l'ennemi, dans la voiture germanique du juif mercantile qui suit, sale et hirsute, la pipe aux dents, la bouteille d'eau-de-vie à la main.

Mais les dommages matériels ne sont rien : les sévices viennent s'y ajouter, et la nature en est odieuse autant que variée. 76 instituteurs ont été frappés, maltraités, souffletés en pleine rue par des officiers allemands, menacés du fusil, du sabre ou du pistolet, retenus comme otages ou forcés de servir comme guides, saisis violemment, attachés à un arbre ou emmenés prisonniers.

On se rendra compte de l'indignité de ces faits par ce que nous avons dit précédemment des brutalités dont furent victimes l'instituteur de Baccon et ceux des communes environnantes. Mentionnons encore cependant celui de Vannes, en Sologne, M. Clément, contre lequel s'acharnèrent les Prussiens avec une cruauté féroce. Le 29 décembre, vers neuf heures du soir, des dragons du 12e régiment brandebourgeois heurtent à la porte de l'école. Le père de l'instituteur qui ouvre, mais ne peut donner le tabac qu'on lui demande, est poursuivi, atteint et terrassé; on lui serre la gorge, on le piétine, on le met en joue, on tire, et une balle

l'effleure. La mère, accourue au bruit, est frappée elle-même
d'un coup de sabre qui lui fend le crâne et la laisse pour
morte sur le carreau. M. Clément survient; mais, attaqué à
son tour par les assaillants, il doit fuir et se réfugier dans les
combles. Les dragons alors entassent fagots et bourrées dans
la salle de classe, démolissent les cloisons, amoncellent les

PLAQUE DE MARBRE DE L'ÉCOLE NORMALE D'ORLÉANS

objets de literie et mettent le feu au bâtiment. L'instituteur,
suffoqué par la fumée, cherche à sortir; un soldat qui garde
la porte lui laboure du sabre le bras droit; deux autres, sans
l'atteindre, déchargent sur lui leurs armes. Cependant l'incendie crépite, et M. Clément, à demi asphyxié, les vêtements
déjà enflammés, ne parvient à s'échapper du bûcher où il va
être brûlé vif qu'en trouant le plafond du grenier : l'ouverture lui livre passage, mais en tombant, il se brise le pied
droit. Au bruit de la chute, les dragons se précipitent et lui
appuient le canon d'une carabine sur la tempe. Le pauvre
maître perd connaissance, et quand il revient de son éva-

nouissement, un chef l'accuse, dans une maison voisine où il a été transporté, d'avoir tiré sur un poste, à plus de 300 mètres de là. Jeté ensuite dans un cabinet obscur, il y retrouve sur de la paille son père et sa mère, baignés de sang et presque expirants. Après le départ des dragons, les trois blessés furent reçus à l'hospice de Sully-sur-Loire : le père mourut dix jours plus tard, la mère eut peine à se guérir de son horrible plaie, et l'instituteur faillit être amputé de la jambe droite.

Nous avons nous-même raconté ailleurs[1] notre propre arrestation et l'odyssée lugubre des habitants de la commune de Bricy, qui, pendant cinq mois, subirent avec nous sur les bords de la Baltique, à Stettin, où 18 d'entre eux succombèrent misérablement, les rigueurs de la plus inconcevable captivité.

Mais il me plaît, en regard de toutes ces tristesses, de montrer quelle fut la conduite des instituteurs du Loiret pendant la guerre. On les voit au premier rang de ceux qui, à toute heure, au risque de leur liberté et de leur vie, défendent énergiquement, en face de l'ennemi, les intérêts des communes et de leurs concitoyens. C'est par leur initiative et la plupart du temps à leurs frais que sont organisées les ambulances dans les maisons d'école. Ils y soignent les blessés, mais aussi les soldats atteints d'affections contagieuses — dysenterie, typhus, variole, — avec une activité et un dévouement que rien n'effraie ni ne rebute, et auxquels rendent hommage tous les médecins et les chefs de troupes; ils vivent dans une atmosphère empestée pour que les malades ne restent pas sans soulagement et sans secours.

Aussi braves que charitables, ils vont relever les blessés sur le champ même de la bataille, au milieu de la mêlée. Quand l'école, comme celle du faubourg des Aydes, à Orléans, devient une redoute où se succèdent pour la fusillade Français et Allemands, quand pleut sur la maison une grêle de balles et d'obus, l'instituteur est là, impassible, à

____

1. *De la Loire à l'Oder.*

son poste : il traîne les victimes du combat dans les salles de classe, dans les chambres de son logement personnel; il étanche de son mieux le sang qui coule des blessures, il console les mourants par des paroles douces et réconfortantes; il cache et fait évader les soldats français surpris ou pressés par l'ennemi; il donne tout ce qu'il possède, il se multiplie, et ne songe pas lui-même à prendre quelque nourriture et quelque repos....

Celui-là, M. Lhuillier, fut admirable, mais tous les autres ont été à la hauteur du devoir : ils peuvent se dire que, s'ils ont souffert et ressenti toutes les amertumes de la douleur, ils ont du moins, à leur façon, vaillamment servi la Patrie. Pour le bien de son pays et la grandeur de sa nation, l'instituteur français d'ailleurs, dans les temps malheureux comme aux jours prospères, a su toujours s'acquitter de sa noble mission, sans avoir besoin d'y être encouragé par l'exemple de l'instituteur prussien.

Aussi, est-ce justice qu'une plaque de marbre, inaugurée solennellement dans le salon de l'École normale d'Orléans, le 25 juillet 1899, et qui rappelle à la fois nos tristesses inconsolables et nos espoirs irréductibles, ait été dédiée « *aux anciens élèves-maîtres qui ont fait courageusement leur devoir en 1870-71, pendant l'invasion allemande!* »

XXI

L'INÉLUCTABLE DEVOIR

Est-il besoin de conclure?

Dans les premiers chapitres de ce livre, nous avons dépeint la vie monotone et paisible des populations de la Beauce orléanaise avant que n'éclatât la guerre. Dans les pages qui suivent, écrites d'une plume frémissante — après trente ans cependant d'une existence où le peuple fut agité de préoccupations multiples, — les faits parlent d'eux-mêmes. C'est que toutes ces souffrances ont été vécues; ces campagnards inoffensifs, ces laboureurs du vieux sol gaulois dont nous citons les noms, nous les avons connus : jeune homme alors, nous avons partagé leurs angoisses et leurs douleurs. Ceux qui restent ne nous étreignent jamais les mains sans nous faire revivre avec eux les tristes jours de l'invasion, sans nous raconter, la voix tremblante encore d'émotion et le regard brillant d'un éclair de rage, quelque détail nouveau de leur long martyre.

Ils ont des fils, qui transmettent à leurs enfants le souvenir plein d'horreur de l'occupation allemande, qui font bondir leur cœur au récit des atrocités commises, et couler leurs larmes aux endroits mêmes où la barbarie tudesque a rougi la terre du sang de leurs aïeuls, où le vandalisme teuton a laissé la trace incendiaire de ses abominations....

Et ces jeunes Français de la génération présente vivent dans la haine sainte du joug étranger. Les malheurs immérités de leur pays natal, en 1870, développent et excitent en eux le sentiment d'amour de la grande Patrie! Cette histoire lugubre, féconde en enseignements, en fait, dès l'adolescence, des soldats prêts au sacrifice. — Et si le destin, dans ses plis mystérieux, réserve l'heure de l'expiation des crimes, ces paysans des bords de la Loire, dont les pères ont été si indignement maltraités, témoigneront ce jour-là de leur abnégation et de leur héroïsme. Plutôt que de subir les outrages et les humiliations de la défaite, on les verrait, comme Cynégire, s'il le fallait, résister à l'ennemi avec leurs dents!

Leur patriotisme est recueilli et ne se divulgue pas en manifestations bruyantes. Mais ils *pensent* toujours aux calamités de l'Année tragique, et ils en *parlent* souvent; ils en célèbrent pieusement la commémoration et ils en portent le deuil; ils connaissent toute l'étendue de leur devoir, toute la grandeur du legs sacré qui leur est échu : **ils se souviennent, ils s'instruisent, et ils espèrent....**

Deux mots, d'un laconisme réconfortant, constituent leur devise, — celle-là même des Vétérans de cette épopée sanglante, que la fortune a trahis, mais qui nous ont conservé l'honneur : « **Oublier?... Jamais!...** »

TABLE

—

—

Coulommiers. — Imp. Paul BRODARD. — 1325-1900.

802-01. — CORBEIL. Imprimerie Ed. CRÉTÉ.

9 782019 227524